SS
真宗新書

現在《いま》を生きる 仏教入門

古田和弘
Furuta Kazuhiro

現在《いま》を生きる 仏教入門

もくじ

序章　現代と仏教

いま、なぜ仏教なのか?

仏教は気休めにすぎない?

いま、仏教はどのようなものとして見られているでしょうか。その見方はさまざまにあると思います。

まったく無関心、つまり自分の日常生活とは関係ないと見る見方もあるでしょう。

あるいは、急速に進展する社会情勢とは相容れないものと見られる場合もあると思います。「時代遅れの無益なもの」という見方です。

さらに、観光の対象として、または著名な寺院での諸行事などには関心があるとする見方もあるでしょう。つまり多忙な日常のしがらみから、しばし離れる

「鑑賞の世界」にかかわるものとして、仏教が見られているわけです。

また、自分の家系が昔から仏教の宗派の一つにかかわりがあるので、ご葬儀やご法事などの際に思い起こす程度という方もおられるでしょう。消極的な関係でしかないという受け止め方です。

仏教は、これまでの因習から抜け出せないでおられる高齢者の方々の気休めに過ぎないという見方もあるでしょう。

あるいは、仏教は、日本を含めた東アジアの諸地域に古くから伝承されてきたもので、いまも人びとの日常の風俗習慣や生活感覚に何がしかの影響を与えていると受け取られていることもあると思います。

なかには、仏教が、自分および周辺の人びとの日々の暮らしを支えている信条になっていると受け取られる場合もあるかと思います。

そしてこれらとは違ったかかわり方も、いろいろとあることでしょう。

このように、さまざまな見方、とらえ方があるわけですが、では本当は仏教とは何なのでしょうか。

私たちを取り巻く現実

私たちはいま、どのような世の中に暮らしているでしょうか。

日ごろは、何気なくやりすごしているけれども、何かの機会にふと思い返してみると、私たちの生活環境が急速に大きく変貌《へんぼう》していることに気づかされます。

ひと昔前に比べると、いまは比較にならないほど、豊かな社会になっていま す。この豊かさを獲得するために、人びとは、営々《えいえい》と努力を積み重ねてきたのです。

また、昔に比べると、比較にならないほど便利な世の中になっています。いままで想像もできなかったことが、当然のことのように実現しているのです。このように、利便性が日常化しているのもまた、人びとの懸命な営為の結果なのです。

私たちは、そのような豊かさや便利さの恩恵に浴《よく》していますしかもそれを当然のことのように享受《きょうじゅ》しているのです。

しかし、時には疑問やためらいが生じます。これほどまでに贅沢《ぜいたく》をしていていいのかなと、思うことがあります。人は、どれほどまで豊かになれば満足するのかなと、思うことすらあります。

また、便利さについても、はたしてこれほどまで必要なのかという疑問が生じます。この先、どこまで進化し続けようとしているのかと、心配にもなります。日々の暮らしの身近なところにも、気になる問題があちらこちらに散見できます。現に、高度経済成長の影で、勝者と敗者の格差が深刻化しています。事柄そのものは、合理的で便利だけれども、それがしばしば、結果として不条理な困難をもたらすことがあります。生き甲斐を感じて生きている人もおられますが、その一方で、社会に背を向けて、しらけきって生きている人もおられます。このようなことが何重にも積み重なっているのが、私たちが生きている社会の現実ではないでしょうか。

仏教が知らせようとしていること

仏教は、難解で深遠な教えであるという印象があります。たしかに、日常離れしているようで、わかりにくい面が多々あります。しかし、ひょっとすると、それは、私たちが常識だと思い込んでいるその思いが、仏教をわざわざ難解なものと感じさせているのかもしれません。

仏教の基本は、極めて明快であると言って良いと思います。人は、なぜ不満を懐《いだ》くのか、なぜ不安を感ずるのか、なぜ悩まなければならないのか、なぜ悲しまなければならないのか、なぜ他人と争うのか、そのようなことを問うことから仏教は始まっているのです。

そして、どうすれば満足できるのか、どうすれば安心できるのか、どうすれば悩まなくてすむのか、どうすれば悲しまなくてすむのか、どうすれば争わなくてすむのか、そのことを知らせようとしている教えなのです。

仏教は、決して、神秘的な世界に人びとを誘導しようとしているのではありません。眼に見える代償を私たちに与えようとしているのでもありません。当然の道理《どうり》を伝えようとしているのです。本来あるべき自分に気づかせようとしているのです。本当の満足と安心と歓びを知らせようとしているのです。

そのために、私たちの生き方を支配している常識に対して、厳しく訂正を求めているところもあるようです。私たちが思い込んでいる日常に、どのような問題が潜《ひそ》んでいるのか、これが私だと思っている、その思いの中にどのような問題が隠れているのか、それらについて、明快な指摘を与えるのが仏教なのでしょう。
その指摘のおおよそのところを確かめてゆきたいと思うのです。

第1章　釈　尊

お釈迦《しゃか》さまはどういう人だったのか？

「釈尊《しゃくそん》」という呼び方

仏教は、インドの「ゴータマ・シッダールタ」という人から始まりました。今から2千5百年ほど昔のことです。この人が覚《さと》りを得て仏《ぶつ》になられましたので、人々は、この人のことを「シャーキヤ・ムニ・ブッダ」と尊称したのです。その呼び名が中国に伝えられ、「釈迦牟尼仏陀《しゃかむにぶつだ》」と中国の文字に音写《おんしゃ》されたのです。

「釈迦」とは、北インドに栄えた民族の名。「牟尼《むに》」は「尊い人」。「仏陀《ぶつだ》」は「目覚めた人」ということです。

「釈迦牟尼仏陀」は、「釈迦族出身の尊い人で目覚めた人」というほどの意味になります。

私たちは、「釈迦」とか「お釈迦さま」とか、そういう言い方をよく耳にします。それは、正確な呼び名とは言えませんが、簡略化した言い方であり、また、独特の尊敬と親しみを込めた言い方ということになります。
「釈迦族出身の尊い人」ということから、多くは、「釈尊」とお呼びしているのです。

仏とは

「仏」は「ブッダ」の音写語である「仏陀」を省略したものです。「ブッダ」は「目覚めた人」ということですが、それは「道理に目覚めた人」「事実に目覚めた人」という意味です。

ここにいう「道理」とは、私たちの思いを越えた、物事の当然のすじみちのことです。

また、私たちは「事実」という言葉をよく使いますが、厳密に言えば、人は誰も「事実」は知らないのです。私たちは、物事に接する場合に、まったく透明な、澄み切った状態で物事に接することはできないのです。物事に接するに先立って、自分の思い、そのときどきの都合、蓄積してきた知識、場合によっては利害を温存しています。それらを温存したままで、物事に接しているのです。それは「事実」とは関係ないのです。それは自分の眼に写る事実、心に思う事実ですから、「現実」なのです。

「仏」は、そのような、人の思いを越えた「事実」に目覚められた人なのです。

釈尊の生涯

釈尊は、今から約2千5百年前の4月8日、北インドのカピラ・ヴァストゥを都とした釈迦族の浄飯王《じょうぼんおう》（スッドーダナ王）と摩耶夫人《まやぶにん》（マーヤー）との間に誕生されました。

摩耶夫人は、出産の日が近づいてきたので、実家に帰って出産するために故郷に向かわれました。しかし、道中のルンビニーという森の中で出産されたのです。出産後、夫人は体力を回復することなく、7日後に亡くなられたと伝えられています。

この出来事は、仏教の基本的な性質に深くかかわっていると思われます。釈尊にしてみれば、ご自分の誕生とお母さんの死が、7日の差はあるにしても、一つの出来事だったのです。一人の命を世に送り出すほどの力をもった人が、そのことによって、自らの命を失ったのです。つまり生と死との矛盾です。釈尊は、生まれながらにして、生と死の厳粛な事実に直面されたことになります。

これを一個人の場合に置き換えると、自分の生には必ず自分の死を伴います。生があるから、そのために死があるのが当然なのです。生と死は別々のことではなくて、一つの出来事なのです。生は都合がいいけれども、死は都合が悪いということは、私たちの思いではあるけれども、それは道理に合わないことなのです。

釈尊は、生と死の問題をはじめ、人生につきまとう憂愁《うしゅう》を解決する道を求めて、29歳の時、出家《しゅっけ》されました。

出家というのは、家庭はもちろん、世間《せけん》から完全に離れて出世間《しゅっせけん》に立つことです。世間にいると、世間の理屈に妨《さまた》げられて、かえって世間が見えなくなります。このため、完全に世間を越えた出世間に立って、世間を見直されたのです。言い換えれば、「現実」を捨てて「事実」に立ち、「事実」から「現実」を見直すということになるでしょう。

そして、数々の辛苦《しんく》ののち、35歳の時、人生を貫いている「事実」に目覚められたのでした。これがブッダの誕生でした。

それ以後、釈尊は「目覚めた人」として、80歳で亡くなられるまで、来る日も来る日も、現《うつつ》の事実ではなくて、真《まこと》の事実、つまり「真実」を人びとに説き示されたのでした。これによって、世に仏教が出現したのです。

初めて教えを説かれた時、「仏《ぶっ》」と「法《ほう》」と「僧《そう》」とが成立しました。つまり、「目覚めた人」（ブッダ）と、「目覚めた人によって顕《あきら》かにされた真実」（ダルマ）と、「真実を依りどころにして現《うつせみ》の世を生き抜こうとする集団」（サンガ）が世に出現したのです。ここから、これを「仏宝《ぶっぽう》」「法宝《ほうぼう》」「僧宝《そうぼう》」の三宝《さんぼう》として敬う仏教の歴史が始まったのです。

聖徳太子は、制定された「十七条憲法」の中に、「篤《あつ》く三宝を敬え」と標記され、その精神を根底にして、この国の政治の舵取りをされたのでした。近代の政治は、まるでズレてしまっているようです。

今の私たちは、何を尊重しているでしょうか。私たちは、自分の都合を大切にしています。自分にとっての利益を重んじています。自分が納得する合理性を尊重しているのです。そのために、さまざまな混迷に身を置かなければならなくなっているようです。

私たちは、「真実」を敬っているとはいえません。「真実」は、仏陀と教法と僧《さん》伽《が》の三宝として具体化されています。今こそ、目覚めた人が知らせようとしておられる真の事実に対して素直に敬意を払う時ではないでしょうか。

お釈迦さまが説かれた法・経典

釈尊の説法

釈尊は、覚りを得てブッダになられた後、ご自身が目覚められた「真実」を人びとに説き示されました。来る日も来る日も、あちこちに出向かれて、教えを説かれたのでした。

「真実」を知らせようとされた釈尊の説法は、「応病与薬《おうびょうよやく》」（病《やまい》に応じて薬を与える）という方法であったと言われています。人の病はそれぞれ異なります。その病にぴったりと合う薬を与えられたということです。人が道理に迷う迷い方はさまざまです。したがって、迷いによって生ずる悩みや悲しみも、人それぞれ異なるのです。釈尊は、「他心通《たしんつう》」（他人の心の状態を的確に見抜く力）を身に具《そな》えておられたので、どの人にも最もふさわしい教えを説かれたのです。

また、釈尊の説法は、「対機説法《たいきせっぽう》」（機《き》に対して法を説く）とも言われていま す。「機」というのは、人の資質や能力や傾向のことです。相手の状況に応じた方法により、相手にふさわしい教えを説かれたということです。

そのような説法を記録したものが「お経《きょう》」です。したがって、おびただしい数のお経が伝えらえているのです。

お経とは

「経」というのは、インドの「スートラ」という言葉を中国語に訳したものです。「スートラ」とは、織物の「縦糸《たていと》」のことです。中国語でも「経」は「縦糸」を意味します。

織物は縦糸と横糸から成っていますが、縦糸は首尾一貫して貫いている糸です。一貫している縦糸に横糸がからんで模様を作ります。

釈尊が説かれた教えは、先ほど申しましたように「応病与薬」であり「対機説法」ですから、場合によって表現はさまざまです。しかし、いずれの場合も、道理が説き示されているわけです。道理は、どのような場合にも一貫していますので、釈尊の説法を一貫する縦糸として、「経」というのです。

原始経典

また、一口に「お経」と言いましても、「お経」には、「原始経典《げんしきょうてん》」と「大乗経典《だいじょうきょうてん》」という区分があります。そのどちらも、「お経」として古くから尊重されてきました。

「原始経典」といわれるのは、「阿含部《あごんぶ》」として分類されている経典です。「阿含」というのは、インドの「アーガマ」という言葉の発音を漢字に写し取った言葉です。「アーガマ」は「伝承」と訳されます。

これを「阿含経」と呼んでいますが、「阿含経」という名のお経はないのです。それぞれに別々のタイトルが掲げてある、たくさんのお経を総称して「阿含部」とか「阿含経」と呼んでいるのです。

「阿含」は「伝承」ということでしたが、それは、釈尊の教えが、先輩から後輩に伝承されたということです。釈尊は、直接のお弟子たちに教えを説き示されました。それを拝聴したお弟子たちは、釈尊のお言葉どおりに教えを暗誦《あんしょう》して、その教えをまたお言葉どおりに次の世代の後輩たちに伝えたのです。そのようにして伝達されてきた教えの内容が、ずっと後に「阿含経」として文字化して伝えられたのです。そして、それらを、「もともとの始まりのお経」ということで、「原始経典」と呼んでいるのです。

大乗経典

これに対して、「大乗経典」といわれるお経は、事情が異なります。大乗のお経は、釈尊のご在世の時代から相当遅れて成立したとみられています。

釈尊のご生涯の年代は、近代の仏教研究によって諸説があり、正確なことはわかりませんが、今のところ、西暦、紀元前463年に誕生され、紀元前383年に逝去されたという推定が有力視されています。

一方、「大乗経典」とされるお経はたくさんありますが、その中で最も早く成立したのは、紀元後1世紀のことと推定されています。そうすると、「大乗経典」は、釈尊が直接お説きになられたものとはとても言えなくなるのです。

このため、古くから、インドでも中国でも「大乗非仏説《だいじょうひぶっせつ》」（大乗は仏説に非《あら》ず）という説がしきりに唱《とな》えられてきたのです。

しかし、その都度、いわば天才的な指導者によって「大乗こそが仏説である」という見識が示されてきたのです。そして、その見識を敬い、尊重してきたのが、インド・中国・日本に伝わる仏教の歴史なのです。年代的に整合しないとか、合理的でないとか、そのようなことは百も承知の上で、それでもなお、「大乗は仏説である」と確信されてきているのです。

それは、三昧《さんまい》の中で、釈尊のお心にふれた行者《ぎょうじゃ》が、釈尊のお言葉として感得したことを口伝《くでん》し、それが文字化されたのが「大乗経典」であるとされているのです。「三昧」というのは、座禅などのように、心の散乱を静め、心を一点に集中させ、いわば無念無想《むねんむそう》の状態を保つ中で、直感をはたらかせる行《ぎょう》なのです。

それは、決して神秘体験ではありません。釈尊が覚りを得られたのも、三昧の行によってでした。同様の三昧の行の中で、釈尊のお心を感得した人びとがいたのです。

「合理」という妨げに支配されている現代の私たちには、にわかには受け入れ難いことでしょうが、自分を基準にして物事を裁定するのが、現代人の弱点なのです。

智慧と慈悲

大胆な言い方をすれば、「原始経典」には、人は自らの迷妄《めいもう》によって苦悩を味わわなければならないのであるから、いかにして真実に目覚めて、迷妄から離れ、苦悩から解放されるかということが説かれています。つまり、そこには、真実に目覚める「智慧」のはたらきが求められているのです。

一方の「大乗経典」には、混迷する人びとを何とかして目覚めさせ、自他ともに、いかにして苦悩から安楽に至らせるかという「慈悲」が強調されていると言えるのです。

第２章　釈尊の教説

すべては縁起《えんぎ》によって成り立つという教え

「縁起」という道理《どうり》

釈尊は、35歳の時に、覚りを得て仏陀（目覚めた人）になられました。そして80歳で入滅《にゅうめつ》されました。その間の45年間、あちらこちらで、さまざまな機会に、さまざまな人びとに、それぞれにぴったりと合う教えをお説きになったのでした。

教えの説き方はさまざまでしたが、それらに通底している教えは、「縁起」という道理であったとされています。

「縁起」というと、「縁起がいい」とか、「縁起が悪い」とかいう言い方を思い起こしますが、それは本来の「縁起」という言葉とまったく無関係とまでは言えないでしょうけれども、今は関連づけないで見ておくべきかと思います。

「縁起」は、詳しくは「因縁生起《いんねんしょうき》」と言います。

「因」は、物事が生ずる「原因」です。「縁」は、「因」にかかわって作用する「条件」ということです。「生起」は、「因」と「縁」の組み合わせによって生ずる「結果」です。

つまり、「因」と「縁」と「果」の組み合わせによって物事が生じ、また滅し、さらに、その生じ方、滅し方が「縁」によって異なるのです。

すべての物事は、「因」と「縁」との関係性によって成り立ち、同時に、すべての物事は、必ず他の物事の「因」ともなり、また「縁」ともなるということ、これが、「因縁生起」つまり「縁起」という理法なのです。

ます。

「因」と「縁」と「果」

「原因」が同じでも、「条件」（縁）が異なれば、まるで違った「結果」が生じます。

例えば、草花の種を蒔《ま》くと花が咲きます。種は「原因」です。そして花は「結果」です。しかし、いつ、どこに種を蒔くかによって、「生起」する「結果」は違ってしまいます。

やはり、それぞれの種にとって、適切な時期が選ばれなければなりません。その時期が「縁」（条件）になります。また、適切な場所に蒔かなければなりません。土が必要です。これも「縁」です。しかし、土のほかに、水分、養分、日当たりなど、他のさまざまな「縁」（条件）がととのわなければ、花は咲きません。

以上は、花が咲くのに必要な条件（縁）を思いつくままに数え上げただけです。これを「順縁《じゅんえん》」と言います。しかし、花が咲くのには、あってはならない条件もあります。「逆縁《ぎゃくえん》」と言います。妨げになる条件は、無数にあり、予測は不可能です。

例えば、必要な「縁」（条件）がととのったとしても、それが過剰であったり、不足があったりすると、「結果」は違ってきます。また、せっかく種が芽を出しても、その生育を妨げる「縁」（条件）が一つでも加われば、花は咲かないのです。人がうっかりと芽を踏みつけても、また風に吹かれた何かが直撃しても、花は咲かないのです。

そのように考えると、一輪の花が咲いているというのは、とても不思議な「縁」によることと言わなければなりません。私たちにとって、至極当然と思われることが、実はとても不思議なことなのです。

同様に、私たちがその日一日、元気にしていたとしたら、それは、むしろ不思議なことなのです。驚くべき「縁」によるというべきでしょう。しかし、私たちは、そのようには実感していないのです。

物事は決定できないということ

「因縁生起」というのは、物事は固定的、決定的にとらえることは誤りである、ということです。それは、「因」は同じだとしても、「縁」が異なれば結果が異なるということです。

空腹の時は、どのような食べ物を目にしてもおいしそうに見え、喜びを感じます。一方、満腹の時にはおいしそうには見えず、喜びを感じさせないではありませんか。これを食べ物のせいだと決定するのは誤りです。「因」となる食べ物は同じなのに、「縁」が異なるので、「果」が異なるのです。

またさらに、「因縁生起」というのは、物事は私たちの思いによって決まることではない、ということです。決めつけてはいけない、ということです。

私たちが心にいだく思いが「因」だとすれば、それが思いどおりになるかどうかという「果」は、「縁」次第なのです。ところが私たちは、自分の思いにこだわって、「縁」を無視するのです。

物事が思いどおりになれば、喜び、自らを誇らしく思います。しかし、それは「縁」との組み合わせによって生じた「果」が、たまたま、自分の思いと重なっただけなのです。自分の思いとは直接の関係はないのです。

一方、思いどおりにならなければ、悲しみ、落胆します。そして、時として怒りを他に向けます。しかしそれは、自分勝手な思いのみを優先させているに過ぎないのです。

道理に背《そむ》く

このように、自分の思いを最優先させている限りは、仮に心に思ったとおりの結果を得たとしても、感謝の心はおこりません。思いどおりにならなかったとしても、反省の心を生じません。そのことによって、結局は自分自身を道理に背かせるのです。道理に背くために、自分を悲しみ苦しみに導いてしまうのです。「因縁生起」という当たり前の道理に従おうとせず、道理を敬おうとしないのは、道理に対する無知によると釈尊は教えておられます。

この根源的な無知は、「無明《むみょう》」と呼ばれています。「無明」によって「我執《がしゅう》」が生じます。自分へのこだわりが生ずるのです。「無明」であるために、こだわるべきでない「我」にこだわるのです。こだわる必要がない「自我」にこだわるのです。

その「我執」がはたらくために、自分はさらに「道理」に背くことになり、「道理」に背き続けるために、自分で自分を苦悩に陥《おとしい》れるのだと、釈尊は教えられます。その誤りを正すために「因縁生起」ということを説かれたのです。

縁起説の展開

物事は断定できないということ

人は、誰しも幸せを求めます。しかし、幸せという実体があるわけではありません。同じ事柄であっても、ある場合は幸せをもたらしますが、またある場合には、必ずしも幸せを与えるとは限らないのです。それは、それぞれの状況・条件によるのです。

体調がよくて熟睡できる時は、夜は短く感じられます。しかし、体調が整わず、眠れない時は、夜は長いのです。同じ時間なのに、条件が異なれば、まるで違った結果を得るのです。

物事は、原因（因）と、さまざまな条件（縁）との組み合わせによって、その結果（果）として生じます。

この事実を、釈尊は「因縁生起」（縁起）という道理として教えられたのでした。それは、物事が生ずるのは、「因」と、さまざまな「縁」との組み合わせによる「果」である、ということです。しかもその「縁」は、予測もできませんし、特定もしようがないのです。

さらに、そのようにして生じた「果」は、必ず別の物事の「因」となり、また他の何かの「縁」となるのです。つまり、物事はすべて固定的・断定的にとらえるのは誤りである、という教えなのです。

私たちは、それを理屈では承知していながら、知らず知らずのうちに「幸」とか「不幸」とか、「善」とか「悪」とか、「好き」とか「嫌い」とか、決めつけようのないことを決めつけてしまうのです。そのようにして、道理を無視し、道理に背いて暮らしているのです。物事はすべて他との関係によって成り立つという教えに、私たちは逆らっているのです。

四法印《しほういん》

この「縁起」の道理について、もう少し詳しく説かれているのが「四法印」という教えです。それは「縁起の法についての四つの目印」というほどの意味です。

「四法印」は、次の四項目です。

①「諸行無常《しょぎょうむじょう》」（諸行は無常である）あらゆる現象には常なるものは無い。

②「諸法無我《しょほうむが》」（諸法は無我である）あらゆる物事には、主体となるものは実在しない。

③「一切皆苦《いっさいかいく》」（一切は皆苦である）人生においては、何事も苦の結果をもたらす。

④「涅槃寂静《ねはんじゃくじょう》」（涅槃は寂静である）道理を見究めたならば、完全な静けさが得られる。

釈尊は、この四つの項目をセットにして教えられたのではないようです。この項目の一つ一つについては、日ごろから繰り返し繰り返し、その趣旨を説いておられたのです。

釈尊が亡くなられた直後、残されたお弟子たちが、釈尊が教えられた「縁起」の法をどのように受け止め、伝承しなければならないのか、釈尊の日ごろのお言葉を選び出して、それを四項目に整理したのです。いわばこれを、仏教の旗印と見定めたのです。

したがって、この四項目に合致する考え方であるならば、それは仏教と言ってよいけれども、この四項目のどれかに背く考え方であるならば、それは釈尊の教えとは言えないという、判定の目安とされてきました。それが「四法印」なのです。

諸行無常

「諸行」の「行」というのは、「現象」という意味ですから、「諸行無常」とは、「もろもろの現象には、常なるものは無い」ということになります。つまり、あらゆる現象は、一定していて変わらないものなどはあり得ない、ということです。「縁」次第で「果」は異なるのです。しかもその「縁」も一刻一刻と変化しているのであるから、現象を固定的にとらえるのは誤りであって、その事実を事実のとおりに受け取りなさい、という教えなのです。

これも、私たちは頭では理解しているようですが、私たちの率直な思いはそれに背いてしまいます。昨日まで元気だったのだから、今日も元気なのは当然だと思い込んでいます。今日、元気であることは、実に不思議なことで、まことに有り難いことであるはずなのですが、それをそのようには実感していません。

そして、明日も元気であるはずだと、幻想を抱いているのではないでしょうか。それは、何の根拠もない期待に過ぎないのであって、事実とは無関係な思いに過ぎないのです。人は、亡くなる前日まで生きているのです。

「無常」ということ

「無常」というと、私たちは、衰えゆくもの、滅び去るものについて、それを感じます。これは、『平家物語』に代表されるような、日本の古典に表現されている「もののあわれ」を敏感に感ずる日本人特有の感性、美意識によることでしょう。

しかし、「無常」ということは、衰滅《すいめつ》する物事についてだけ、あてはまることではありません。物事が成長してゆくこと、発展してゆくことも「無常」だからなのです。一定不変ではなく、刻々と変化し続けるという法則によっているのです。

年老いた人が日に日に衰えてゆくことが「無常」であるならば、幼い子どもが日に日に成長してゆくこともまた、「無常」なのです。私たちは、自分の予想と合致しないこと、自分にとって好ましくないと思うことに会えば「無常」を感じます。自分の思いどおりであったり、好ましく思ったりする時には、その法則を無視しているのです。

出来上がった地球は、いつか必ず滅亡することが決まっています。それなのに、大気汚染といい、温暖化といい、原子力発電といい、核兵器といい、人類はなぜ、地球の滅亡を早めるための努力を営々と重ねているのでしょうか。

それは、道理をわきまえず、その時々の欲望に支配されて満足している姿であって、何とも愚かなことだと、釈尊は教えておられるのです。

諸法無我

「諸法」とは、「あらゆる物事」ということです。

「我」とは、「主体」や「実体」と言われるもので、他のはたらきによらず、他とは無関係に、それ自体として単独に成り立つもののことです。そのような実体的なものは存在しない、というのが「無我」の説なのです。

この「無我」の説によれば、私一人で「私」にはなれないのです。他の人との関係で、「私」は成り立つのです。他の人もまた、私との関係で、その人の「私」が成立するのです。互いに成り立たせあっている関係ですから、単独で成り立つ「私」は存在しないのです。

例えば、親という「我」（実体）は存在しないのです。子のお陰で親にならせてもらっているのです。もちろん、子は親によるわけですが、しかし、その親もまた誰かの子なのです。親という実体、子という実体は存在しないのです。人は、実体として存在しない「自我」を実体視して、自分中心に物事とかかわろうとします。「自我」にこだわり続けているのです。それを「我執《がしゅう》」と言います。「我」へのこだわりは誤りであると、釈尊は指摘しておられるのです。

また、「神」や「霊魂」を実体視すると、「無我」の説に反することになります。

一切皆苦

「諸行無常」(一定不変なるものはない)ということが道理であるのに、人は、一定しているはずであるとか、不変であってほしいとか、根拠のない幻想をいだきます。今日まで元気だったのだから、明日も元気であって当然だと思い込みます。そして、明日、何かが起れば、驚き、悲しんで、苦を味わわなければならなくなるのです。また同じ状態が保たれることを期待しますから、それが崩れるのを恐れ、不安を感じなければならなくなるのです。

「諸法無我」（こだわるべき我は存在しない）ということが事実であるにもかかわらず、人は「我」にこだわります。「自我」にとって都合がよいことを求め続けます。しかし、いつも求めたとおりの結果が得られるとは限りません。都合が悪くなれば、悩み悲しみ、苦に責められるのです。結局は、「我執」が苦の直接の原因となるのです。

「無常」が道理であるにもかかわらず、「常」を期待します。「無我」が事実であるにもかかわらず、「我」にこだわります。そのような誤りは、道理に対する無知によるとされます。そのような無知は「無明《むみょう》」と言われます。

「無明」は、明るさがないということですから、ものの道理がわかっていないということです。しかも、道理がわかっていないだけではなくて、道理がわかっていない、そのことがわかっていないのです。深刻な無知である「無明」が、あらゆる「煩悩」を引き起こす根本となります。「無明」から始まる「煩悩」が人の暮らしにつきまとって、それが人生の「苦」の原因となるのです。

釈尊は、この世界を「娑婆《しゃば》」であると指摘されました。「娑婆」（サハー）は「忍耐」という意味です。人がこの世界で何をなしても、それは結局は苦につながるので、この世界は、基本的に耐え忍ぶという性質をもっている、ということです。このため、「一切はみな苦である」と教えられたのです。

「何もかも、みな苦である」と言われると、異論が生ずることでしょう。確かに「苦」も経験するけれども、「楽」もあるではないか、という意見です。

しかし、「苦」と「楽」は、どのような関係にあるのでしょうか。「苦」が除かれると「楽」になります。その「楽」が失われると「苦」を味わいます。「苦」と「楽」は、別々のことではなくて、表裏一体となっていると言わなければなりません。

また、同じことが「苦」となったり、「楽」となったりします。空腹の時に食べ物を手に入れると「快楽」となります。満腹の時に同じ食べ物を与えられると「辛苦」となるのです。

「苦」と「楽」が、入れ替わり立ち替わり生ずるのが人生です。そのような人生は、何と呼べばよいのでしょうか。「苦」と「楽」とを経験しなければならない人生は、それ全体が結局は「苦」である、ということになるのです。

涅槃寂静

「涅槃」（ニルヴァーナ）は、その意味は多義にわたりますが、もとは「火を吹き消すこと」を意味します。ここでは、「苦」の原因である「煩悩」を火に譬え、その火が吹き消された状態を「涅槃」というのです。最初は小さな火でも、それを放置すると、やがては手のつけられない大火になります。最初は小さな欲望でも、いつしか深い欲望になって、結果として人を苦しめるのです。

その「煩悩」が滅した「涅槃」は、「寂静」であるというのです。「煩悩」が滅し、「苦」が滅した状態は、「静か」なのです。「苦」の反対は「楽」ではなく、「静寂」なのです。

「無明」や「欲望」などの「煩悩」から解放されて、「寂静」な境地《きょうち》に達することによって、一切の「苦」から解放され、心身の平安が得られると教えられているのです。

真理を知らせる四諦《したい》の教え

釈尊の教えの基本は「縁起」の法でありました。この「縁起」の道理を、具体的に体得する教えとして示されているのが「四諦」の法です。

その内容は、これまでに見ていただいてきた「縁起」「四法印」の教えと直接に関連するもので、それらを教義的に組織化したものです。

「四諦」の「諦」は「真理《しんり》」というほどの意味です。真理に四つあるわけがありませんから、唯一の真理を四つの面から知らせようとした教えなのです。

①苦諦《くたい》(人生は苦であることが真理である)
②集諦《じったい》(苦は無知と愛着を原因として生ずることが真理である)
③滅諦《めったい》(苦は必ず滅することが真理である)

④道諦《どうたい》（苦を滅するために示された正しい方法は真理である）

苦諦

「四諦」の第一は、「苦諦」です。迷いと勘違いを重ねて、道理に背き続けているこの世間では、何事もすべて「苦」という結果をもたらすことが「真理」である、ということです。これは、「四法印」の「一切皆苦《いっさいかいく》」にあたります。

人が誰しも経験しなければならない「苦」の代表的なものが四つあります。すなわち、「生苦《しょうく》」「老苦《ろうく》」「病苦《びょうく》」「死苦《しく》」の四苦です。

老いることは苦です。「老」は、当然の成り行きですから、誰も逆らえません。それなのに、「若々しくありたい」とか「こんなはずではない」などと、いわば、身勝手な思いに固執《こしゅう》します。固執しても、しなくても、間違いなく老いるのです。当然の理に従わず、若さにこだわる結果として「苦」を味わわなければならなくなるのです。

「病」も苦です。元気な間はまったく「病苦」に気づきませんが、発病すると、さまざまな苦痛に襲われたり、その先の「死」を感じて恐れたりすることになるのです。「一度も病気をしたことがない」と、自分を誇りに思うこともあるようですが、それは、病にかかる「縁」に会わなかっただけなのです。

「死」と直面することは苦です。好んで死を求めることがないのが通常です。どうあがいても、「死」は受け入れなければならないのです。それは頭では分かっているのですが、やはり「死」を恐れるのです。

「老」「病」「死」の苦は、なぜ起こるのか、それは「生」があるからです。生きているから、老いることも、病むことも、死ぬことも起こるのです。「生」が終わって、それとまったく異なる「死」が訪れるように思うかもしれませんが、実は「生」と「死」は別々のことではなくて、一つの出来事なのです。したがって「生」の中に、初めから「老苦」「病苦」「死苦」が含まれているのです。だから「生」が「苦」となるのです。

四苦《しく》・八苦《はっく》

「苦」を代表するものに、さらに四つの苦があります。先の「四苦」と合わせて「八苦」となります。

第一は「愛別離苦《あいべつりく》」です。愛しいと思うものと別離することは「苦」です。愛着がなければ、別離しても「苦」とはならないのです。

第二は「怨憎会苦《おんぞうえく》」です。怨み憎むものと会うのは「苦」です。怨み憎むことが苦の原因となるのです。

第三は「求不得苦《ぐふとくく》」です。求めているのに得られないことは「苦」なのです。求めていなければ、得られなくても「苦」にはならないのです。

第四は「五蘊盛苦《ごうんじょうく》」です。「蘊《うん》」は集まりを意味します。「五蘊」は人間を構成している五つの要素の集まりです。「色《しき》・受《じゅ》・想《そう》・行《ぎょう》・識《しき》」の五種です。

人間存在の成り立ちを明らかにする方法の一つとして、人間を身体と精神とに分けて見る方法があります。そのうちの身体を「色」（物質）と言います。精神は、物質的存在より複雑ですので、これをまず「受」（感覚）、「想」（知覚）、「行」（意志）の三種に分けます。そして、「受」と「想」と「行」の三種のはたらきを統合してはたらくのが「識」（認識）であると見定めるのです。

この五つの要素から成るのが人間なのですが、これらの「五蘊」の盛んなはたらきによって煩悩が引き起こされますから、人間存在そのものが苦であるということになるのです。

集諦《じったい》・滅諦《めったい》

「四諦」の第二は「集諦」です。人生そのものが「苦」なのですが、その「苦」が集積されるには、その原因があることが真理であるということです。人生の「苦」は、「無明」(無知)や「渇愛《かつあい》」(欲望)を代表とする煩悩の積み重なりによって生ずるという道理を明らかにし、煩悩の本質とそのはたらきを示しているのが「集諦」なのです。

第三は、「滅諦」です。人生は「苦」でしかないのであるから、絶望なのかというと、そうではなく、「苦」は必ず滅するということが真理であるということです。「苦」の滅した状態、それは「楽」ではなくて、寂静《じゃくじょう》な「涅槃」であると説かれています。

道《どう》諦《たい》

それでは、煩悩が滅した「涅槃」の境地に到るにはどうすればよいのか、それを明らかにしたのが「道諦」です。その内容は、「八正道《はっしょうどう》」（八聖道《はっしょうどう》）として教えられています。

「正見《しょうけん》」（正しい見方）、「正思惟《しょうしゆい》」（正しい考え方）、「正語《しょうご》」（正しい言葉使い）、「正業《しょうごう》」（正しい行い）、「正命《しょうみょう》」（正しい生活）、「正精進《しょうしょうじん》」（正しい努力）、「正念《しょうねん》」（正しい集中力）、「正定《しょうじょう》」（正しい心の安定）の八種の実践です。

ここに「正《しょう》」と言われていますが、それは「邪《じゃ》」とか「誤《ご》」の反対語ではなくて、「偏《へん》」（かたより）の反対語なのです。例えば、「自我」に偏《かたよ》るから、道理を見失い、煩悩に支配されることになるのです。「自」と「他」などに偏る、その偏りを廃して、円満な「智慧」を体得しなければ、「苦」からの解放はあり得ないということなのです。

涅槃に至るための三学《さんがく》の教え

苦悩からの解放

あらゆる苦悩・悲嘆から解放されて、心身ともに平安を得ることが、仏教の最重要で基本的な課題です。

釈尊は、苦悩から解放されるには、その直接の原因である煩悩を滅しなければならないと教えられました。人は、欲望や我執などの煩悩に支配され、自分で自分を迷わせ惑わせているのです。このため、当然の道理を見失い、道理に合わないことにこだわるのです。そしてその結果として、悩み悲しみを自分で呼び込んでしまっているのです。

一切の煩悩から離れて、自分が思い描く苦からも、楽からも、解放され脱出することを「解脱《げだつ》」と言います。そして「解脱」を果たした状態を「涅槃」と言うのです。「解脱」「涅槃」に至れば、喜怒哀楽から自然に、しかも完全に離れることができるとされています。喜怒哀楽を「克服」するのではなく、喜怒哀楽から「解放」されるのです。克服しようとするのは、一種のこだわりなのです。

釈尊は、苦悩とその原因である煩悩から、人びとを「解脱」させ、静まりきった「涅槃」に導くために、「四諦」の法を説かれました。人生には、いつも苦悩が付きまとっていることが事実であり、その事実に気づかされていないのは、煩悩のはたらきによるのだと教えられました。そして、煩悩から離れて「涅槃」に至るためには、「三学」を修めるように指導されたのでした。すなわち、「三学」を実践することによって、「四諦」の法を体得して「涅槃」という寂静の境地に達することができると教えられたのです。

三学の実践

「三学」とは、「戒学《かいがく》」「定学《じょうがく》」「慧学《えがく》」のことです。

「戒学」は、あらかじめ定められている戒《いまし》めを厳格に守って、日々の生活を清らかに持《たも》つことです。「戒《かい》」は、在家《ざいけ》・出家《しゅっけ》を問わず、また女性・男性の別なく、常に自発的に厳守しなければならない生活の規範です。これに「律《りつ》」を加えて「戒律《かいりつ》」と言いますが、「律」は、出家した比丘《びく》・比丘尼《びくに》が日々の修行の妨げにならないように定められている規則です。

「定学」は、禅定《ぜんじょう》を修めることです。呼吸を調《ととの》えて身体を静かな状態に持ち、雑念を払い除いて心の散乱を防ぐのです。心身ともにまったく静寂な状態に維持し続けるのです。

「慧学」は、静かに澄み切った心によって、すべての物事の真実の相を見究めるための智慧を研《みが》き、その智慧を深めるのです。

「戒」を厳格に守って生活を清らかに持つことが、「定《じょう》」の維持の助けとなり、澄み切って安定した心によって、「慧《え》」のはたらきが深まるのです。そして、「慧」によって物事の実相を見究めることが、心の「定」をもたらし、心の安定によって、生活を清らかに持つ「戒」が身につくのです。

このような「三学」を完璧に修めつくして、一切の煩悩から「解脱」して、「涅槃」の境地に達した人を「阿羅漢《あらかん》」(羅漢と略称)と言います。

阿羅漢の境地

出家して、釈尊から教えを聴聞《ちょうもん》する人を「声聞《しょうもん》」と言います。釈尊が亡くなられた後は、釈尊のお言葉を聞いた先輩から、釈尊のお言葉を、お言葉どおりに伝え聞いて学ぶ人びとも、やはり「声聞」と呼んだのです。

「声聞」の人たちが、学修によって志願する最終目標が「阿羅漢」の境地であったのです。それは修行者が到達できる最高の境涯《きょうがい》なのです。「阿羅漢」は、現代の私たちには、到底、想像もできないほどの厳しい修行によって、思いも及ばない崇高《すうこう》な境地に到達した人なのです。

「阿羅漢」は、煩悩を滅し尽くし、苦悩から完全に「解脱」した聖者《しょうじゃ》です。このため、人びとから尊敬され、供養《くよう》を受けるに相応《ふさわ》しい人として、「応供《おうぐ》」と称されました。また、教えを学びつくして、それ以上に学修することが無い人なので「無学《むがく》」ともいわれます。

釈尊の多数のお弟子たちのうちで、この「阿羅漢」の境地に到達した人は大勢おられました。一口に、五百人の「阿羅漢」(五百羅漢《ごひゃくらかん》)がおられたといわれています。

そのうち、よく知られているのが、智慧第一といわれた舎利弗尊者《しゃりほっそんじゃ》、神通力《じんずうりき》の達人であった目連《もくれん》尊者、説法の第一人者の富楼那《ふるな》尊者、釈尊が亡くなられた後の教団（サンガ）を指導することとなった摩訶迦葉《まかかしょう》尊者などです。

このような大弟子の人たちは、自分たちは、ようやくにして「阿羅漢」の境地に達したとしても、それは釈尊が達成された境地とはまったく異質で、自分たちは、とても釈尊には及びもつかないと受け止めていました。

しかしながら、釈尊は、それらのお弟子たちの認識を「増上慢《ぞうじょうまん》」（思い上がり）であるとして、誡《いまし》められたのです。それは、自己の解脱は、自分だけのことではなくて、他の人びとを苦悩からの解脱に導くことによって完結すると、教えておられたからでした。お弟子たちは、謙虚そうに見えるけれども、実は、釈尊が願われた願いよりも、自分たちの判断を優先させていますので、それが「増上慢」となるのです。

煩悩がなくなった境地に安住してしまうと、煩悩にまみれて苦悩する人びととの接点がなくなり、人びとを導くことができなくなるのです。実は、釈尊も、煩悩から「解脱」されたという点では、「阿羅漢」であられたのですが、その境地に止まることなく、そこを突き抜けて、あえて煩悩が盛んに渦巻く世界に立ち戻られ、人びとと交わって、人びとを究極の安楽に導こうとされたのでした。「自利《じり》」（自らの利益）に止まることなく、自らの利益（自利）と、他《た》を利《り》すること（利他《りた》）とが、一体となることを求めておられるのです。「自利利他円満」に徹することが、実は、仏教を学ぶということであると、教えようとしておられるのです。

第3章　大乗の教え

自利利他円満

自利

釈尊は、人が悩んだり悲しんだりしなければならないのは、煩悩がその原因であることを教えられました。人には一〇八種類の煩悩があるとされていますが、その最も深刻な煩悩は、「貪欲《とんよく》」と「瞋恚《しんに》」と「愚癡《ぐち》」の三種だとされています。「貪欲」は、満たされても満たされても満足することのない貪《むさぼ》りの心です。このため、人はいつも欲求不満に悩まされるのです。「瞋恚」は、怒りの心です。怒りは、こだわるべきでない自我を正当化することから生じます。そして正常な判断や行動を妨げます。このため、人はますます苛立《いらだ》って、自分を苦しめることになるのです。「愚癡」は、愚《おろ》かということです。智慧のはたらきが欠如していて、道理を道理として受け取れない状態です。しかも、自分が愚かであることにも気づかないのです。このため、当然の道理に背いて、苦悩を深める結果を得るのです。

これらの煩悩を滅して、苦悩から解放されるために、釈尊は「戒学」「定学」「慧学」の「三学」の行を修めることを勧《すす》められました。「戒学」によって、生活を乱れのない正しい状態に維持し、「定学」によって、心の散乱を静めて安定した精神状態を持続させ、安定した心にはたらく「慧学」によって、道理を道理として見抜くのです。

この三学によって、「苦諦」「集諦」「滅諦」「道諦」の「四諦」の法を体得して、迷妄から解脱するよう、教えられたのでした。人生には苦悩がつきまとうことを明らかにされた「苦諦」、苦悩は煩悩の集積が原因であることを明らかにされた「集諦」、苦悩は必ず滅するという道理を明らかにされた「滅諦」、苦悩を滅するための八種の偏《かたよ》りを離れる方法を明らかにされた「道諦」、この「四諦」の法を体得するよう、釈尊は教えられたのでした。

利他

釈尊のもとには、これらの教えを、教えのとおりに学ぼうとしたお弟子たちが大勢おられました。その人たちは「声聞」と呼ばれました。さらに、声聞のお弟子の中には、「三学」「四諦」の法を実践して学び取り、一切の煩悩を滅して、涅槃の境地に達したお弟子たちが何人もおられました。この人たちは「阿羅漢」と呼ばれたのでした。

しかし、阿羅漢は、煩悩を滅して、苦から解脱したのはよいけれども、そこに安住すれば、それは「自利」（自分の利益の完成）でしかない、と釈尊は誡《いまし》められたのでした。「利他」（他の人びとの利益の完成）を果たさなければならないと教えられているのです。他の人びとは、依然として煩悩に束縛されて、深刻な苦に苛《さいな》まれているわけですから、それを放置することは、他の人びとを見捨てることになります。また、「苦」そのものを克服したことにはならないのです。「苦」とは無縁の境地を実現したことにはならないのです。

釈尊の教えの説き方は、「病に応じて薬を与える」という方法でありました。つまり、まずは、自分が迷いから覚めて苦悩の束縛から脱することを教えられましたが、それは、いわば、最初の応急処置だったのです。その処置が果たされれば、次の段階の処置がとられなければならないのです。取りあえず「自利」を果たせば、次に「利他」に向かわなければならないということです。

煩悩を滅して、阿羅漢の境地に達するのは、並大抵のことではありません。気が遠くなるほどの努力が必要でしょう。しかし、煩悩を滅した人が、そこに安住せずに、煩悩の渦巻く環境に舞い戻って、人びとを苦悩から救い出そうとするのは、さらに厳しい、質の深い努力を要することです。けれども、それを求めているのが仏教なのです。

自利利他円満

「自利」にとどまるということは、意識するかしないかにかかわらず、「自」を確立することになります。「自」を確立するということは、「他」なるものを設定してしまうことになります。つまり、「自」と「他」が分離されることになります。「自」に対する「他」、「他」に対する「自」という対立が明確化されるのです。これは、物事は単独では成立せず、必ず他の物事との関係性によって成り立つと説かれた、釈尊の「縁起」の法に照らせば明らかなことです。

そうすると、「自利」「利他」というけれども、「自利」と「利他」が分離したままでは、「自利」でもなく「利他」でもないということになるのです。「自利」

はそのまま「利他」としてはたらき、「利他」がそのまま「自利」となる、ということでなければならないというのが、釈尊の教えようとされたことなのです。

そこで、「自利」と「利他」との分離対立ではなくて、「自利利他円満」という境地に目を向けることが求められるのです。「自利」と「利他」との、どちらにも偏らず、完全に溶け合って、しかも、どちらの利得をも充満させ具足させるのです。

このような「自利利他円満」の境地は「大乗」(大きな乗り物)といわれます。これに対して、「自利」のみに励む状態、また、「自利」と「利他」を分離させる状態は、「小乗」(小さな乗り物)と呼ばれます。「大」は、勝れていること、「小」は、劣っていることを意味します。しかし、ここで注意しなければならないのは、「大乗」からすれば、まずは「小乗」は徹底的に批判されなければなりませんけれども、かといって、両者を対立させ、一方から他の一方を批判し排除するだけでは、実は「大乗」ではなくなるということです。いわゆる「小乗」と「大乗」と、その両者を円満に包み込む境地こそが、真の「大乗」であるといわれるのです。

このような「大乗」の精神を具体化しているのが、「菩薩《ぼさつ》」というあり方なのです。

菩薩道《ぼさつどう》

菩薩とは

釈尊は、「自利利他円満」ということを教えられました。

まずは、苦悩の原因である煩悩を滅して、何ものにも束縛されない解脱の境地に達することが大切である、と。それが「自利」（自《みずか》ら利《り》すること）ということでした。

けれども、自分が苦悩から解放されることにとどまることなく、他の人びとをも苦悩から解放させなければならないとも、教えられたのでした。それが「利他」（他《た》を利《り》すること）という教えです。

そしてさらに、「自利」と「利他」とが分離したままでは、それは「自」と

「他」との分割と対立にこだわっているだけであるとして、それを退けられたのでした。「自利」と「利他」とが溶け合った「円満」な境地こそが、真の「苦悩の解決」であるとされたのです。

すなわち、他の人びとが苦悩していることが、自らの苦悩である、ということです。さらに言えば、他の人びとが救われてこそ、自らの救いが成就する、ということです。

この「自利利他円満」の精神を具体化した姿が「菩薩」なのです。

「菩薩」は、インドの言葉で、「ボーディ・サットヴァ・マハー・サットヴァ」と言います。これが、中国では「菩提《ぼだい》・薩埵《さった》・摩訶《まか》・薩埵《さった》」と表記されました。インドの言葉が中国に伝えられる際に、中国には、その言葉の意味にぴったりと合う言葉がありませんでした。そのためにインドの言葉と発音の近い漢字を当てはめて表記する方法がとられたのでした。これを音写と言います。

「ボーディ」(菩提)は、「覚り」を意味します。この場合は「仏の覚り」です。詳しくは、「アヌッタラ・サムヤク・サンボーディ」(阿耨多羅《あのくたら》・三藐《さんみゃく》・三菩提《さんぼだい》)と言い、後にこれが「無上《むじょう》・正等《しょうとう》・正覚《しょうがく》」(最高の・完全に円満な・完全な覚り)と漢訳されました。そして、初めの七文字を省略し、最後の二文字を残して、「菩提」と表記されたのです。

「サットヴァ」(薩埵)は、「あらゆる生き物」という意味で、「衆生《しゅじょう》」「群生《ぐんじょう》」「群萠《ぐんもう》」などと漢訳されています。ここでは「人」または「人びと」を意味しています。

「マハー」(摩訶)は、「大」と訳され、「偉大な」とか「勝れている」ということを意味します。

したがって、「ボーディ・サットヴァ・マハー・サットヴァ」(菩提・薩埵・摩訶・薩埵)は、「仏の覚りを求める人で、偉大な人」というほどの意味になります。

中国では、前半の「菩提薩埵《ぼだいさった》」（ボーディ・サットヴァ）の四文字を二文字に省略して「菩薩」とし、後半の「摩訶薩埵《まかさった》」（マハー・サットヴァ）の意味を訳して「大士《だいじ》」（偉大な人）という言葉として用いられてきたのです。

菩薩の行──六波羅蜜

「菩薩」とは、仏に成る前の段階の人を意味していますが、それには、四つの姿が伝えられてきました。

その第一は、仏に成られる前の釈尊のことです。釈尊は、35歳の時に、「真実」に目覚めて仏に成られました。ご誕生から35歳までは、仏ではなかったのです。しかし、その間は、人類を覚りに導くために、何とかして仏に成りたいという志願を立てて、仏になる準備をしておられた期間であったということで、この時期の釈尊を「菩薩」というのです。

第二は、不特定多数の人びとを指します。仏に成られた釈尊は、80歳で亡くなられるまでの45年間、来る日も来る日も、人びとに教えを説き続けられました。それは何故なのでしょうか。「わたしのように目覚めた人に成って、人びとを導いてほしい」と願い続けられたからなのです。その呼びかけに、自覚的に呼応しようとした人は、誰でも「菩薩」ということになるわけです。

第三は、釈尊が願われた切実な願いに、真剣に随順する自覚をもつとしても、その自覚を具体化するための「行」が必要となります。その「行」を、釈尊は、「六波羅蜜」として説き示されたのです。

「波羅蜜」は、「パーラミター」の音写語で、「完全」とか「完成」を意味します。自ら「菩薩」としての具体的な歩みを進めるためには、最低限、「六種の菩薩行を完成させなさい」という教えなのです。

六波羅蜜は、次の六項目です。

①「布施波羅蜜《ふせはらみつ》」（無差別な施しを完成させること）

②「持戒《じかい》波羅蜜」（戒律を完全に守り切ること）

③「忍辱《にんにく》波羅蜜」（何事にも耐える忍耐を完成させること）

④「精進《しょうじん》波羅蜜」（完全な努力を持続させること）

⑤「禅定《ぜんじょう》波羅蜜」（一瞬も乱れない完全に澄み切った心を保つこと）

⑥「般若《はんにゃ》波羅蜜」（真実を見抜く智慧を完成させること）

最後の「般若」は、我執を離れて、物事をありのままに洞察する「智慧」なのです。私たちが、自分を都合よくしようとして頼りにしている「知識」とはまったく異なるものです。

この「般若」を完成させるためには、前の五項目が完成されなければならないと説かれます。ところが、同時に、前の五項目が完成されるためには、「般若」

が完成されなければならないとされています。

この「六波羅蜜」の「行」を実践し、それを完成させることは、並大抵のことではありません。余程の人でなければ、到底、実行できる「行」ではないのです。

そこで、第四に、このような「六波羅蜜」の「行」を実践して、着実に、仏に成る道を歩みつつある人とは、どのような人なのか、その見本が、固有の名で呼ばれている「菩薩」たちなのです。文殊《もんじゅ》菩薩・普賢《ふげん》菩薩・観音《かんのん》菩薩・勢至《せいし》菩薩・弥勒《みろく》菩薩などです。

また、歴史上の人物としては、インドに出られた龍樹《りゅうじゅ》（ナーガールジュナ　150〜250年ごろ）や天親《てんじん》（ヴァスバンドゥ　400〜480年ごろ）などの方々も「菩薩」とあがめられてきたのです。

このような「菩薩」が「自利利他円満」の精神を具現化した存在なのです。

空《くう》の観察

「空」とは

菩薩は、仏に成る前の、準備の段階にある人ですが、その菩薩が、完全に体得することが求められているのが「自利利他円満」の精神でありました。つまり、他の人びとが苦悩していることが、自らの苦悩であり、他の人びとが苦悩から解放されることが、自らの救いになると、受け止める心です。

菩薩には、これに加えて、もう一つ、求められている課題があります。それは、「空」の道理を身を以て会得するということです。

「空」は、インドの「シューニヤ」という言葉の中国語訳です。それは「欠如《けつじょ》」を意味していて、俗にいう「空っぽ」というほどの意味に近い言葉なのです。

ちなみに、この「空」の思想によって、数学の「ゼロ」が発見されたという説があります。「ゼロ」は「有る」とも言えますが、「無い」とも言えるのです。また、「有る」と言い張っても間違いであり、「無い」と言い張っても間違いなのです。

ところが、「空」は、「有《う》」（肯定《こうてい》）と「無《む》」（否定《ひてい》）とを対立させる論理では把握し得ないことなのです。「有」と「無」を包み込んで、しかも、「有」と「無」との対立関係を越えた境地を見届けたものです。

私たちの認識のしかたは、①物事を単純に肯定する「有」か、②逆に単純に否定する「無」か、③肯定しながら同時に否定する「亦有亦無《やくうやくむ》」か、④肯定もせず否定もしない「非有非無《ひうひむ》」か、この四つのパターンしかないのです。これは「四句分別《しくふんべつ》」と言われています。これらは、いずれにしても、「有」か「無」かに結局は束縛されています。「空」はこの二辺《にへん》の束縛を超越しているのです。

「空」は、「こだわらない」ということです。しかし、私たちの通常の認識によって「空」をとらえようとすると、「こだわらない」ということに「こだわってしまう」ことになるのです。

また、「空」は、ややもすると、「無」と混同されることがあります。確かに、「空」は、すべてを否定する「虚無《きょむ》」と理解されがちな側面もありますが、しかし、大乗仏教は、そのような「空」の受け取り方を、「偏空《へんくう》」（かたよった空の理解）とか、「悪趣空《あくしゅくう》」（誤解によって逸《そ》れてしまった空）として、厳しく批判しています。「空」を観《かん》ずることは、物事の真の在り方を発見することなのです。

そこで、「真空妙有《しんくうみょうう》」ということが言われています。「真空」はそのまま「妙有」であるということです。「真実」としての「空」は、そのまま、論理を寄せつけない「妙《たえ》なる有り方」を示している、ということなのです。

「縁起」から「空」へ

「空」は、もともと、釈尊が説き示された「縁起」の法に連なる教えなのです。

「縁起」とは、「因縁生起」ということで、物事はすべて、「因」（原因）と「縁」（条件）との、たまたまの結びつきの「結果」として、生じたり滅したりするということです。したがって、「縁」次第で、どのような「果」となるかは、何も決まっていないということなのです。しかも、「果」は、「果」であることにとどまらず、必ず他の物事の「因」となり、また「縁」となるのです。要するに、物事は決めつけようがない、ということになります。しかも、決めつけようがないということも、実は決めつけられないのです。

「自」は「他」を「縁」として成り立ち、同時に、「自」が「他」を成り立たせる「縁」となっています。物事は互いに成り立たせ合っている関係にあります、ですから、独立自存する「主体」とか「実体」というべきものの存在は認められないことになります。

また、「善」は「悪」との関係で成立し、「美《び》」は「醜《しゅう》」との関係で成り立ちますから、絶対的な「善」や「美」は有り得ないということになります。

これを、釈尊は「諸法無我」と教えられました。あらゆる物事には実体がない、という仏教の基本的な教えなのです。この教えがさらに「諸法皆空《しょほうかいくう》」の説として継承されているのです。すなわち、あらゆる物事はすべて「空」なる在り方をしている、ということです。

菩薩と呼ばれる人びとは、「縁起」の法を、深い「禅定《ぜんじょう》」の中で直感し、そこから「空」の道理を体感するのです。「禅定」は、「無念無想《むねんむそう》」と言われるように、一切の雑念を捨てて、精神を静かに澄み切った状態に保ち続ける行です。

菩薩の修道《しゅどう》の体系である「六波羅蜜」の中に「禅定波羅蜜」（禅定の完成）が

含まれていますが、その「禅定波羅蜜」による瞑想《めいそう》によって「般若波羅蜜」（智慧の完成）を成就し、完成された般若（智慧）によって、「空」という「事実」が達観される、とされているのです。

「色即是空《しきそくぜくう》、空即是色《くうそくぜしき》」

よく知られている言葉に「色即是空、空即是色」という句があります。これは、通常、『般若心経《はんにゃしんぎょう》』というお経によって有名になっていますが、もともとは、27巻もある大きな『般若経《はんにゃきょう》』に力説されている教えなのです。

「色《しき》」は、「形あるもの」で、物質的な存在のことです。人間の場合であれば、身体を意味します。「即《そく》」は、「そのまま」「ただちに」というほどの意味。「是《ぜ》」は、「……である」という意味です。

したがって、「色即是空」は、「物質はそのままで空である」ということになります。「ある物質が変化してやがて空になった」というのではなく、「ある物質がその物質のままで空である」ということです。

しかし、ここまでであれば、物事を半分しか見ていないことになります。そして、先ほどの、「偏空」とか「悪趣空」に陥る危険があります。

そこで、次の句の「空即是色」が説いてあるのです。つまり「空でありながら、そのままで物質である」ということです。

釈尊は、「真実」に目覚めて仏に成られました。その仏の覚りに近づくための第一歩として、この「空」の道理の真髄を証得《しょうとく》しようとしつつあるのが「菩薩」なのです。

これが、大乗仏教の基本的な教えなのです。

大乗のお経

『華厳経《けごんきょう》』

詳しくは、『大方広仏華厳経《だいほうこうぶつけごんきょう》』と言います。80巻と60巻と40巻のお経があります。

釈尊が、覚りを得て仏になられて、最初に説かれたお経とされています。究極の真実に目覚められた釈尊が、その覚りの内実を、そのまま文殊菩薩や普賢菩薩などに対して説いておられるのです。

人間存在をも含めた、あらゆる物事の在り方は、法性《ほっしょう》（真実そのもの）が、さまざまな縁（状況）に応じて、それぞれに生起《しょうき》したものであるという、その道理が詳しく説かれています。

したがって、あらゆる物事は、そのままで、「真実そのもの」を現わしているというのです。

『般若経』

詳しくは、『摩訶般若波羅蜜多経《まかはんにゃはらみったきょう》』と言います。27巻と10巻のお経があります。釈尊がまだ仏になっておられない段階から、やがて覚りを得て仏になられるまでの間、「菩薩」として修行に励まれたわけですが、その経過がこのお経の素材とされています。

釈尊のように、仏の覚りを目指す人が体得しなければならない「大乗」の精神が広く深く説かれているのです。すなわち、「自利利他円満」の精神を基本とする「菩薩道」が詳細に説かれているのです。

そして、「菩薩」としての道を歩もうとする人には、釈尊の根本教説である

「縁起」の法を深く究めて、これを「空」として会得することが求められているのです。さらに、この「空」の道理を会得するためには、「摩訶（偉大な）」「般若（智慧）」の「波羅蜜多（完成）」のための実践が強く求められているのです。

『維摩経《ゆいまきょう》』

詳しくは、『維摩詰所説経《ゆいまきつしょせつきょう》』と言います。3巻からなるお経です。

このお経には、『般若経』に詳しく説かれてきた「菩薩」と「空」の教義が、戯曲風《ぎきょくふう》に説き示されています。維摩詰《ゆいまきつ》という名の在俗の信者が、釈尊のお弟子たちや、菩薩がたとのやりとりの中で、「大乗」の真髄を縦横に語っています。

お弟子たちの形骸化《けいがいか》しがちな仏教理解や、菩薩たちの不十分な「大乗」の理解を、維摩詰は厳しく鋭く叱正《しっせい》しています。そして、そのような維摩詰のいちいちの言動は、すべて釈尊の認可されるところとなっているのです。

『維摩経』は、さまざまな具体的な場面において、「菩薩」の真の姿を明らかにしようとしているのです。

『法華経《ほけきょう》』

詳しくは、『妙法蓮華経《みょうほうれんげきょう》』と言います。「最も気高い蓮《はす》の華《はな》のように妙《たえ》なる法を説いた経」という意味です。8巻からなるお経です。

『般若経』や『維摩経』など、多くの大乗経典においては、覚りを得て仏になれるのは、「菩薩」のみであると説かれています。

「菩薩」とは、すべての人びとを導いて、苦悩と苦悩の原因である迷いから解放させたいと願い、そのために、仏に成るための実践修行を重ねている人だからです。すなわち「自利利他円満」の精神を完成させようとしているのが「菩薩」なのです。

一方、自分を苦悩から解放させ、自らが平安な境地に到達することを最終目標としている修行者たち、これを「声聞」といいますが、この「声聞」たちは、「自利」のみですから、到底、仏には成れないとされるのです。

しかし、これに対して、『法華経』は、仏に成れない人がいるというのは、人びとに大きな志を促《うなが》すために、釈尊が用いられた巧みな「方便《ほうべん》」（手段）であって、釈尊のご本意である「真実」は、すべての人を区別なく仏の覚りに導こうとする「一乗《いちじょう》」（一つの教え）しかないことを明らかにしようとしているのです。

『涅槃経《ねはんぎょう》』

詳しくは、『大般涅槃経《だいはつねはんぎょう》』と言います。36巻と40巻のお経があります。

釈尊のご臨終の直前の説法です。仏が亡くなられるということは、どういうことなのか、そこから、この説法が始まります。

釈尊が仏として仰《あお》がれておられるのは、「真実」を明らかにされたからです。しかし、その「真実」は、釈尊が発見されたのであって、発明されたのではありません。そうすると、釈尊が発見されるとか、されないとかにかかわらず、「真実」は「真実」としてはたらいているはずなのです。

したがって、釈尊個人を崇拝《すうはい》するのではなくて、仏としての釈尊の根拠となっている「真実」をこそ敬うべきであるというのが、釈尊のご本意であるということなのです。

これを『涅槃経』には、「如来は常住である」として説かれています。「如来」は「如（真実）から来た人」ということです。つまり如来は「真実そのもの」であって、「真実」は常《つね》に住《とど》まっていて、なくなることなどあり得ない、ということなのです。

一方、「真実」に背《そむ》いている私たち、衆生はどうなのかということについて、このお経には、「一切の衆生に悉《ことごと》く仏性《ぶっしょう》が有る」と説かれています。すべての人に例外なく、仏としての本性《ほんしょう》が具《そな》わっている、というのです。

今は仏ではないけれども、「真実」は、誰にも行き渡ってはたらいているわけですから、私たちには、「真実」に目覚める資質が本来的に具わっていると教えているのです。

そのことを説得するために、有名な阿闍世《あじゃせ》の物語が説かれます。

古代インドのマガダ国の王子の阿闍世が、目先のことに幻惑されて、父の頻婆《びんば》娑羅《しゃら》王を死に至らしめます。この阿闍世が釈尊の教えによって、本来の根源的な自己、仏性に遇うという出来事が述べられているのです。

「浄土経典《じょうどきょうてん》」

これらの経典とは別の系統に、釈尊が浄土について説かれたお経があります。

『仏説無量寿経《ぶっせつむりょうじゅきょう》』『仏説観無量寿経《ぶっせつかんむりょうじゅきょう》』『仏説阿弥陀経《ぶっせつあみだきょう》』などです。

前述の諸経典は、一言で言えば、自らの可能性を信じ、仏の覚りに近づく努力を重ねることを求めています。しかし、それができる人はいいけれども、できない人はどうなるのか。

それについて、釈尊は、自分の力では、問題を解決できない人をこそ助けたいという願いをもっておられます。自分には力がないことを思い知らされた人を待ちかまえておられる仏、阿弥陀仏が別におられるので、その阿弥陀仏の浄土に迎えてもらって、そこで仏の覚りを得させてもらうようにと、説得しようとしておられるのです。

第4章　釈尊の教えの継承

龍樹《りゅうじゅ》菩薩

龍樹という人

釈尊がお亡くなりになって、およそ500年余り後に、龍樹（ナーガルジュナ）という人が世に出られました。この人が、釈尊の教えを正確に、力強く継承した人とされているのです。それまでにも、釈尊の教えを継承した人は何人もおられたでしょうが、この龍樹という人は、別格とされてきたのです。釈尊の教えの真髄《しんずい》を広く世に説き示されたことにより、格段に勝れた功績を残された人として、人びとに仰がれてきたのでありました。このため、人びとは、この人のことを、偉大な思想家と見るばかりではなく、限りなく仏の覚りに近づいた人として敬い、龍樹菩薩と尊称するようになったのです。

日本でも、古くから、この人は「八宗の祖《はっしゅうのそ》」として仰がれてきました。「八宗」は、「八種類の宗派」という意味もありますが、転じて、「すべての宗派」を意味するようになった言葉です。日本の仏教の、どの宗派の教えでも、それがまともな仏教であるならば、その教義の歴史を段階ごとにさかのぼると、必ず龍樹という人の教えに到達し、そこから釈尊に直結するとみなされてきたのです。

龍樹菩薩は、南インドに生まれられたとされています。そして活躍されたのは、詳細は不明ですが、西暦1世紀の後半から2世紀にかけてであると推定されています。南インドといえば、「空」を説く『般若経』の教えの探究が盛んな地域でありました。

龍樹菩薩は数々の著作を残されましたが、それらの中で、最も注目され、影響の大きかった著作に、『中論《ちゅうろん》』『大智度論《だいちどろん》』『十住毘婆沙論《じゅうじゅうびばしゃろん》』があります。

『中論』――「空《くう》」

『中論』には、釈尊が説かれた「縁起」の法を再確認しつつ、その「縁起」の法を徹底して解明し、それを「空」として説き明かされているのです。さらにまた、この「空」を徹底して、これを「中道《ちゅうどう》」の教えとして示されているのです。釈尊が説かれた「縁起」という道理からすれば、どのような物事でも、単独に成り立つものはなく、必ず、他の物事との関係で成り立つということになります。

例えば、親がいなければ子はいないのです。同時に、子がいなければ親はいないのです。親と子は互いに成り立たせ合っている関係にあります。親と無関係な子はおりませんし、子と無関係な親はいないのです。ですから、親とか、子とか、それを独立したものと見ることは誤りなのです。

さらに、親と子の関係でも、子が幼い時の親と、子が大人になった時の親とは、親の在り方が異なります。親が若い頃の子と、親が老いた頃の子とは、子の意味が異なるのです。

にもかかわらず、私たちは、「親」「子」や、「自」「他」や、「幸」「不幸」や、「善」「悪」など、それらを独立的に固定化させ、実体視して、その誤りに気づかないまま、こだわり続けているのです。

そのように、「実体視」を離れて、「関係性」によって成り立つ道理を見究めることが「空」の体得なのです。

『中論』―「仮《け》」

あらゆる物事を「実体視」することなく、「空」であると見定めるのは、釈尊の「縁起」の教えに照らせば正しいのですが、しかし「空」は、ややもすれば、

「虚無《きょむ》」に陥《おちい》らせる危険があります。

物事は「関係性」によって成り立っていますから、「実体視」のできない「空」なのです。これが物事の「本質」なのです。しかし、物事は「関係性」によって成り立っているわけですから、「現象」として認知されるのです。そのように「現象」として見る見方を、龍樹菩薩は「空」を含んだ「仮」ととらえられたのです。

「空」によって「実体視」を避け、「仮」によって「虚無」を退ける、この両者を一挙に見届けること、これを龍樹菩薩は「中」と呼ばれたのです。すなわち、すべての物事を、「空」でありながら、同時に「仮」であると見究めること、それを「中道」と呼ばれたのです。

「中道」というと、中間とか、真ん中とか、そのように受け取られるかもしれませんが、「中道」とは、そこに安定的に留まれるところではないのです。ちょうど刃物の刃先に物を置くようなもので、ごくわずかでも傾きがあれば、左か右か、どちらかに落ちこぼれてしまうのです。

このような緊迫した「中道」の境地を体得することが、釈尊の「縁起」の法に副《そ》うことであると、龍樹菩薩はその『中論』に説いておられるのです。そしてこの龍樹菩薩の教えは、後に「中観仏教《ちゅうがんぶっきょう》」と呼ばれるようになったのです。

『大智度論』

龍樹菩薩のもう一つの著作とされる『大智度論』は、100巻もある大きな著作ですが、これは『般若経』の注釈書なのです。

『大智度論』には、『般若経』に説かれている「大乗」の「菩薩道《ぼさつどう》」について、さまざまな角度から詳しく論じられています。大乗の「菩薩」という自覚をもって修めるべき行法、つまり「六波羅蜜」の行が、厳しく説いてあるのです。そして、その「菩薩道」によって体験することが求められている「空」の境地、さらに、「空」によって一切の執着《しゅうじゃく》から離れ、迷妄《めいもう》から解脱すべきことが詳しく論じられているのです。

この『大智度論』が、中国に伝えられたことにより、中国の仏教界に劇的な衝撃が生じました。中国には2世紀に『般若経』は伝わっていました。中国の僧侶たちは、古い漢訳の経によって「空」について学んでいたのです。その際に、中国の古典である『老子《ろうし》』や『荘子《そうじ》』に盛んに説かれている「無《む》」の思想と類似するものとして「空」を見ていたのでした。ところが、5世紀に龍樹菩薩の『大智度論』が伝えられたことにより、「空」と「無」はまったく異なるもので、両者は峻別《しゅんべつ》されなければならないことを、仏教界は思い知らされたという経緯があったのです。

『十住毘婆沙論《じゅうじゅうびばしゃろん》』

「論」というのは、学者が書いた論文、という意味とはまったく異なります。仏教の場合は、「経」に対する「論」ということです。「経」は、釈尊の教説を記録したものです。「論」は、「経」によって釈尊のご本意をくみ取り、それを開示しようとしたものなのです。

『中論』や『大智度論』は、『般若経』に示されている「大乗」の精神を、さまざまな視点から論究したものでありました。

『十住毘婆沙論』は、それとは違って、『十住経《じゅうじゅうきょう》』に対する「毘婆沙《びばしゃ》」（ヴィバーシャ）ということです。「毘婆沙」は「解説」という意味なのです。『十住経』は『十地経《じゅうじきょう》』とも訳されていて、大きな『華厳経』の一部である「十地品《じゅうじほん》」を一つのお経として独立させたものです。「品《ほん》」は私たちが用いる「章」というほどの意味です。

ところで、『中論』には、インドのサンスクリット語の原典と見なされているものが残っていますが、『大智度論』も『十住毘婆沙論』も、いずれも原典は見つかっておらず、中国語訳だけが伝わっているのです。このため、近来の研究では、これら二つの論は、龍樹菩薩の著作であるかどうか、疑問視され、後の世の別人の著作であろうとされています。実際はそのとおりであるかもしれません。

また、『大智度論』は、『中論』の根底をなしている『般若経』の注釈でありますから、それはともかくとして、『十住毘婆沙論』の方は、その内容の傾向が『中論』とは大きく隔たっているので、近年は、同一人物の著作とは認め難いとされているのです。これもそのとおりかもしれません。

しかし、二論とも、1600年余にわたって、龍樹菩薩の名において研鑽《けんさん》されてきた歴史があります。『中論』の所説との整合性を深く見極めてきた伝統があるのです。自分には、『中論』と二論の著者は別人であるとしか思えないとしても、自分の思いを優先させることには、遠慮がなければならないでしょう。なんなら、三論とも、もう一人の、よりスケールの大きな、「大龍樹菩薩」の著作と受け止めてもよいのです。

「難行」と「易行」

『十住毘婆沙論』(17巻)は、菩薩の覚りの段階について解説したものです。初めて仏の覚りに近づこうと志した段階から、仏の覚りの直前に至るまでの段階に、52段階あるとされていますが、その第41位から第50位までの十地のうち、第一地と第二地の菩薩の境地について解説してあるのです。

その35章のうち、第9章に「易行品《いぎょうほん》」という章があります。そこには、仏法の求め方に、「難行《なんぎょう》」と「易行」とがあることが説かれているのです。

菩薩は、52の段階でそれぞれに「六波羅蜜」の行を修めるのですが、同じ「六波羅蜜」でも、段階によって修行の質の深さが異なるというのです。一段一段と「六波羅蜜」の行を完成させて、階位を上りつめてゆくのは容易なことではありません。まさに「難行」なのです。この「難行」は、自分の脚の力を頼りに陸路を進むのに譬えられています。

資質の優れた菩薩（利根《りこん》の菩薩）は、「難行」に励《はげ》むことができるでしょうが、資質の劣った者はどうなるのでしょうか。体力も気力も劣った者（敗根《はいこん》の凡夫《ぼんぶ》）は、とても陸路の「難行」には耐え得ないのです。その場合は、船に乗せてもらって水路を行く「易行」があると、龍樹菩薩は「易行品」に教えておられるのです。

『仏説無量寿経』というお経があります。これは、釈尊が、無量寿仏、つまり阿弥陀仏についてお説きになったお経です。このお経には、次のように教えられています。

「あなた方は知らないであろうが、阿弥陀仏という仏が別におられて、自分の力ではとても修行を完成させることのできない人を、なんとか助けてあげて、覚りに導いてあげたいと願い続けておられるのだよ。その願い（本願）が、一人一人に向かってはたらき続けていることに早く気づきなさい」と。

つまり、自力で「難行」の陸路を進めない者を「本願」という船に乗せて水路を進ませようとされているというわけです。

「易行道《いぎょうどう》」の龍樹菩薩

ここで、仏教の伝統が大きく二つに分かれます。つまり龍樹菩薩をどのように見るかによって、道が二分するのです。

一つは、『般若経』などの諸経や『中論』などに説き示されている大乗《だいじょう》の菩薩道を自分の力で突き進もうとする「難行道《なんぎょうどう》」、つまり自分の脚で陸路を進もうとする自力の仏教です。今の日本の仏教では、天台宗《てんだいしゅう》や禅宗《ぜんしゅう》などの系統の仏教の伝統がそれに当たります。

他の一つは、自分の力の欠乏を自覚し、阿弥陀仏の本願の力におまかせしようとする「易行道」です。これが、真宗《しんしゅう》などの浄土教の伝統です。他力におまかせするという他力の仏教です。すなわち他力の仏教です。これが、どう見ても、自分が実力のない愚かな凡夫であることを、つくづくと痛感するところにこそ生ずるのです。

龍樹菩薩が「易行品」に「難行」と「易行」について詳しく述べられ、「難行」ではなく、「易行」を人びとに勧めておられるのは、ご自分の実体験によることなのです。

龍樹菩薩は、初め、自力によって、52段階の菩薩の階位を一段づつ上《のぼ》ろうとされたのです。それが『中論』の龍樹菩薩であると見られます。ところが、第41番目（十地の第一地）の段階で、完全に挫折されたと伝えられています。

そこで、どうにもならなくなっておられる時に、そのような場合のために、阿弥陀仏の本願という船がすでに用意されていたこと、それに気づかれたのです。こうして、他力の「易行道」を選ばれたのでした。しかし、龍樹菩薩は、「難行道」が誤りで「易行道」が正しいと言っておられるのではありません。ご自分には「難行道」は無理なので、「易行道」に従うのだと言っておられるのです。これが『十住毘婆沙論』の龍樹菩薩なのです。

天親《てんじん》菩薩

天親という人

釈尊が亡くなられて、およそ500年あまり後に、龍樹菩薩が世に出られました。この龍樹菩薩は、釈尊が説かれた「縁起」の法を正しく継承され、それを「空」の道理として説き示されたのでした。その後、龍樹菩薩の教えを受け継がれた方々は、何人も名を残しておられますが、その中で、特に注目されてきたのが、天親（ヴァスバンドゥ）という人でありました。

この人については、龍樹菩薩のように、釈尊の覚りに最も近くまで到達されたお方ということで、人びとは、「天親菩薩」と尊称したのでした。

天親菩薩は、龍樹菩薩より250年ほど後に世に出られました。西北インドのガンダーラ地方の出身とされています。初めは小乗《しょうじょう》仏教の部派《ぶは》に属し、優れた学才によって名声を得ておられたのですが、後に、大乗仏教に転じられたのでした。大乗仏教は、部派仏教とはまったく異なる系統だったのです。

部派仏教

釈尊が亡くなられて、100年ほど後に、教団に分派が起こりました。分派はさらに分派を起こし、インドのあちらこちらで、いくつもの部派が形成されました。それらの部派の成立・発展にたずさわったのは、主に出家した比丘の方々でした。

どの比丘の方々も、すべて、釈尊の教えを細心の注意を払って学ばれました。そして、その教えを可能な限り忠実に受け止めようとされたのです。しかし、地域が異なったり、伝承の系統に違いがあったりして、教えの受け取り方にさまざまな差異が生じました。このために、分派を重ねることになったのです。

いずれの部派でも、自分の部派に伝えられている教えが最も正確であることを論証しなければなりませんでした。そのために、釈尊の教えを緻密に分析し、釈尊が残されたお言葉の詳しい定義づけをするなど、教義の学問を発達させたのです。これを「阿毘達磨《あびだつま》」（アビダルマ）と言います。

教義学が発展することとは、結構なことなのでしょうが、どの部派でも、その阿毘達磨は、世間の日常から遊離するものとなり、選ばれた出家の比丘の人びとに占有されることとなったのです。このため、龍樹菩薩や、その系統の、大乗仏教を奉《ほう》ずる人びとから、部派の仏教はいずれも小乗であるという批判を受けることとなったのです。それは、すべての人びとに区別なく教えを伝えようとされた釈尊のお心に反するものであり、また、特定の人の自己満足に過ぎないと、批判されたのでありました。

瑜伽行《ゆがぎょう》

天親菩薩も、初めはそのような部派の一つに属しておられて、その指導的地位におられたのでした。その頃に著わされた著作が、有名な『阿毘達磨倶舎論《あびだつまくしゃろん》』なのです。

ところが、後に、実兄の無著《むじゃく》（アサンガ）という人に教化されて、天親菩薩は大乗仏教に転じられたのです。この時、無著師が天親菩薩に授けられたのが「唯識《ゆいしき》」という教えだったのです。

無著という人は、大乗の瑜伽行の行者の一人でした。しかも並外れた瑜伽行者だったのです。瑜伽行というのは、座禅などの瑜伽（ヨーガ）の行によって、一切の雑念を退け、心を澄み切った状態に保ち続けて、その状態の中で瞑想を深めるのです。そして、その瞑想の中で、「真実」を体感するのです。それは、仏教を学ぶにあたって極めて重要な実践修行とされてきたのです。

近年、あちらこちらで、ヨーガが注目されているようですが、それらは、おそらく、この瑜伽行の形式を踏襲するものであろうと思われます。

瑜伽行によって、人の意識のはたらきを解明してきたのが「唯識」でありますので、これを「瑜伽唯識」というのです。

唯識

ある部派の教義学では、例えば、釈尊がお使いになった「煩悩」という言葉を分析して、「煩悩」を一〇八種類に分類するなどの理論を確立したのです。そうすると、人びとは、「煩悩」にしろ「解脱」にしろ、それらを実体的にとらえることになり、ひいては「有」(肯定)に執着することになったのです。

それに対して、龍樹菩薩は「空」を説いて、その誤りを指摘されたのでした。

ところが、今度は、人びとは「空」を誤解して、虚無ととらえ、「無」(否定)に執着したのです。それで、「空」の教えを正しく受け取るために「唯識」が説かれなければならなかったのです。

「唯識」は、われわれが外界に存在すると思っている事物は、真の存在というべきものではなくて、われわれの心に認識された事物に過ぎないと見ることなのです。人の感覚機能によって認識される事物は、意識が推定している仮《かり》の事物であって、それを真の事実とすることはできないのです。このように「唯識」の説では、何もかも、すべては認識、つまり、心のみのはたらきであるとするのです。しかも、心そのものも「空」であるとみなすのです。

このように、龍樹菩薩の「空」の教えを継承しつつ、それを「唯識」という思想として推し進められてきたのですが、その「唯識」の説を大成させられたのが天親菩薩だったのです。天親菩薩が著わされた『唯識三十頌《ゆいしきさんじゅうじゅ》』と『唯識二十論《ゆいしきにじゅうろん》』

が、「唯識」説の根本の論書とされているのです。

「天親」と「世親《せしん》」

お名前の「ヴァスバンドゥ」は、古くは「天親」と中国語に訳されていましたが、後にこれが訂正され、「世親」と訳するのが正確であるとされるようになりました。このため、近来の仏教研究においては、ほぼ「世親」に統一されているのです。

親鸞聖人《しんらんしょうにん》は、『正信偈《しょうしんげ》』や『高僧和讃《こうそうわさん》』には「天親菩薩」と述べておられます。けれども、実は『入出二門偈頌文《にゅうしゅつにもんげじゅもん》』(東本願寺出版発行『真宗聖典』四六〇頁)には、「世親」の方が正確であることを指摘しておられるのです。

しかし、『正信偈』に親しんでおられる方が多いと思われますので、本稿では、旧訳の「天親菩薩」に統一することとしています。

天親菩薩の著作

釈尊の教えを正しく継承されたのは、龍樹菩薩でありました。そして、龍樹菩薩の教えを正しく継承されたのが、天親菩薩であったのです。

釈尊は「縁起」の道理を明らかにされました。その「縁起」の法を、龍樹菩薩は、「空」として受け継がれ、それを「中観仏教」として完成されたのでした。

そして、天親菩薩は、龍樹菩薩の「中観仏教」を受け継ぎながら、それを「唯識仏教」として大成させられたのでありました。

天親菩薩が残された多くの著作のうち、後代の仏教に特に大きな影響を与えた代表的な著作としては、次の三種を挙げることができると思います。

一つは、『阿毘達磨倶舎論』です。天親菩薩が、大乗仏教に転向される前、小乗の部派に属しておられましたが、その部派の教義を詳しく取りまとめられた著作です。これには、サンスクリット語の原典と、チベット語訳と、中国語訳が伝わっています。

二つ目は、『唯識三十頌』と『唯識二十論』です。天親菩薩が大乗に転向されてから究められた「唯識」の教説の大綱を述べられたものです。これにも、サンスクリット語の原典と、チベット語訳と、中国語訳が伝えられています。

三つ目は、『無量寿経《むりょうじゅきょう》優《う》婆《ば》提《だい》舎《しゃ》願生偈《がんしょうげ》』です。天親菩薩が浄土の教えに遇われて、浄土往生の信心を表白されたものです。これは、中国語訳だけが伝わっています。

『阿毘達磨倶舎論』

『阿毘達磨倶舎論』は、略して『倶舎論《くしゃろん》』と言われています。この論には、長い年月にわたって整備・蓄積されてきた仏教の教理がまとめられています。

天親菩薩のご在世の当時、インドには多くの小乗の部派が栄え、互いにその正統性をめぐって競い合っていました。天親菩薩が、かつて属しておられた部派は、他を圧倒するほどの強大な勢力をもっていたのです。その部派の教義の理論を厳密に整理しつつ、仏教の教理の大綱をまとめられたのが『倶舎論』なのです。仏教の教理が、広く深く整理されていますので、部派の教義を正確に学び取ろうとする場合も、また逆に、大乗の視点から部派仏教の在り方や教義を批判しようとする場合にも、いずれにしても、この『倶舎論』を根拠にしなければなりませんでした。

『倶舎論』が中国に伝わると、各宗派の教義の基礎として学ばれました。日本では、奈良の元興寺《がんごうじ》や興福寺《こうふくじ》で「倶舎宗《くしゃしゅう》」として、その教義の研鑽が進められたのでした。

『唯識三十頌』『唯識二十論』

『唯識三十頌』は、唯識説の大綱を組織的に三十行の偈頌《げじゅ》（韻文《いんぶん》）にまとめたものです。いわば、「唯識」について学ぶための基本となっている著作です。

一方の『唯識二十論』は、小乗部派の立場からなされる大乗の唯識説への疑問に応答し、また批判に反論したものです。その応答や反論によって、唯識説の根幹を説き示してあるのです。

唯識説では、まず、われわれが、現に存在していると認識している事物は、唯《ただ》、識《しき》（こころのはたらき）に過ぎないという見解に立ちます。そして、自己の識のはたらきを瑜伽行（ヨーガ）の実践をとおして変革させることによって、「真実」を体得しようとするのです。また、識そのものも「空」であると見届けるのです。

瑜伽唯識の説は、天親菩薩のこれらの著作によって、広く普及し、多くの教学者が研鑽するところとなりました。その唯識説は中国に伝わり、「法相宗《ほっそうしゅう》」として継承されました。「法相宗」は、さらに日本に伝えられ、奈良の元興寺や興福寺などで栄えたのでした。日本では、「倶舎宗」が「法相宗」の基礎と見なされてきたのです。

『無量寿経優婆提舎願生偈』

『無量寿経優婆提舎願生偈』は、略して『浄土論《じょうどろん》』と言われています。

その「無量寿経」は、浄土教の根本経典とされている『仏説無量寿経』のことです。これは、釈尊が無量寿仏、すなわち阿弥陀仏について説かれたお経です。

「優婆提舎」（ウパデーシャ）は、「論議」というほどの意味で、お経に説かれた釈尊の教えについて論究を加えたもの、ということです。

この『仏説無量寿経』についての論究を「願生偈」、すなわち「阿弥陀仏の浄土に往生《おうじょう》したいと願う思いをのべた偈《うた》」として述べられているのが『浄土論』なのです。九十六句の偈文《げもん》（韻文《いんぶん》）と、偈文の意味を解説した長行《じょうごう》（散文《さんぶん》）とからなっています。

『浄土論』の冒頭に、天親菩薩は、遠い昔の釈尊に対して申し述べておられます。

「世尊《せそん》、我一心《われいっしん》に、尽十方無碍光如来《じんじっぽうむげこうにょらい》に帰命《きみょう》して、安楽国《あんらくこく》に生《う》まれんと願《がん》ず」と。「世尊よ、私は心を一つにして、阿弥陀如来に帰依して、阿弥陀如来の極楽浄土に生まれさせていただきたいと願っています」と言っておられるのです。

この『浄土論』に対して、中国の曇鸞大師《どんらんだいし》が、注釈である『浄土論註《じょうどろんちゅう》』を著わされ、中国に浄土往生の信仰を広められたのです。

これによって、天親菩薩の『浄土論』および曇鸞大師の『浄土論註』が、中国の善導大師、日本の法然上人《ほうねんしょうにん》・親鸞聖人による念仏の教えの源流となったのです。

天親菩薩も、龍樹菩薩と同様に、多方面にわたる多くの著作を残しておられます。また、そこに説かれている教説の分野や傾向が多岐にわたっています。このため、これらが、すべて同一人物の著作であるとは想定し難いとされています。ことに、『浄土論』の場合は、中国語訳しか伝わっていないことや、また、他の著作に述べられている思想の内容と、浄土往生の信仰の思想とが結び付きにくいことなどから、問題視されることがあります。

しかし、これも龍樹菩薩の場合もそうですが、われわれの安直な合理主義によって軽々に判定することは、慎まなければならないでしょう。ことに、龍樹菩薩も天親菩薩も、瑜伽行の達人であったことには、留意しなければならないでしょう。

第5章　中国の仏教

受容と定着

中国での仏教の歴史を眺める場合に、それは、大きく次の四つの時期に分けて見られています。

第一は、外来の宗教である仏教が受け入れられている時期。

第二は、仏教が中国の社会に定着しつつある時期。

第三は、仏教が中国的な発展を遂げている時期。

第四は、仏教が衰退に向かった時期。

仏教の受容

仏教が初めて中国に伝えられた時期や状況については、諸説があって確定することはできません。当初は、西域諸国《さいいき》から交易に来た商人たちがもたらした異国の宗教として、仏教は知られていたようです。それが、確かな形で中国に伝来したと見られるのは、お経が中国語に翻訳された時期からです。それは、後漢《ごかん》時代（25〜220）の末、2世紀中ごろのことです。すなわち、釈尊が入滅されてから600年あまり後のことでした。

それ以後、西域から来た外来僧が次々にお経の翻訳を進めました。そして、しばしば、中国の知識人たちも、それらの翻訳に参加するようになったのです。やがては、中国の人にも、出家して僧侶となる人びとが出てきたのです。また、法を求めて西域・インドに向かう僧も出てきました。

中国での仏教の本格的な受容について、大きな役割を果たした人として特に注目されているのは、北地で活躍した道安《どうあん》（312〜385）という中国の僧です。

道安法師は、ご自分は、孔子《こうし》や老子《ろうし》・荘子《そうじ》など、中国の古典に深く精通した人でありましたが、しかし、古典の言葉や思想と関連づけて仏教を理解しようとする当時の風潮を厳しく誡《いまし》め、在来の思想とは峻別して、仏教を仏教として受け入れることに指導的な役割を果たした人だったのです。

また、お経の翻訳についても、中国の文化に影響されることなく、厳格に原典に即した翻訳を求められたのです。さらに、仏教を知識人たちの教養として学ぶのではなく、仏教の戒律を厳格に守る中で実践的に学ぶことを求められたのでした。そして仏教の定着に実質的な役割を果たした人材を多く育成されたのです。

道安法師は、仏教徒は釈尊のお弟子なのであるから、すべて「釈《しゃく》」という法名《ほうみょう》を名乗るべきであるとして、その制度を行き渡らせた人でした。それまで、中国の僧侶は、外国から来た師匠の出身地の地名に因《ちな》んだ名乗り方をしていました。道安法師の師匠は天竺《てんじく》（インド）の出身であったので、「竺道安《じくどうあん》」と名乗っておられましたが、それを改めて、「釈《しゃく》道安」と名乗られるようになったのです。

その後も、何人もの外来の訳経僧がさまざまな仏典を翻訳しましたが、中でも注目されているのが、5世紀初頭に中国に到来した鳩摩羅什《くまらじゅう》（クマーラジーヴァ）（350〜409）という人です。

この人は、それまでに何度か訳されていた『般若経』や『法華経』を、より正確な、しかも中国語として、より格調の高い経文に訳し直した人だったのです。先の道安法師も、『般若経』の研鑽《けんさん》に大きな成果をあげられた人でしたが、その当時に訳されていたお経は、訳文に不明確なところがあるなど、その研鑽には限界があったのです。その後、鳩摩羅什の翻訳によって、それらの難点が解消されたのでした。因みに、現代も親しまれている『阿弥陀経《あみだきょう》』も、この鳩摩羅什が訳し直したお経なのです。

さらに、鳩摩羅什は、インドの龍樹菩薩（2〜3世紀）が著わされた『中論』などの論書を初めて中国語に訳したのです。これによって、インドの本格的な

「空」の教義や、「大乗」の教えの真意が中国に伝えられたのでした。

仏教の定着

やがて、中国では、5世紀の中ごろから百年余にわたって南北朝の時代が続きます。南方では、漢民族の歴代の王朝が支配し、北方では、いくつかの異民族の国家が盛衰を重ねました。

南朝においては、どちらかと言えば、仏教の理論的な研究が栄えました。これに対して、北朝では、教法の実践的な受け止め方が盛んになったのです。

南朝では、次々と学僧が出られて、『般若経』『維摩経』『法華経』『涅槃経』『華厳経』など、諸経の研究が飛躍的に推し進められました。その結果、いくつかの学派が形成されたりして、教義に関する論議が盛んに行われました。そのほか、この時期には、仏教の歴史書や仏典の目録なども編纂《へんさん》され整備されています。

一方の北朝では、理論的というよりも、実践的で日常生活に即した学び方が主流となりました。つまり、「禅宗」と「浄土教」が盛んになりました。

禅法《ぜんぽう》に関するお経は、早くから中国に伝わっていて、心の静寂・安定を求める禅定《ぜんじょう》・三昧《さんまい》の行が各地で実修されていました。ところが、6世紀に、インドから達磨大師《だるまだいし》（菩提《ぼだい》達磨）が来られて、それまでの禅法とは異なる大乗の禅を伝えられたと言われています。それは、坐禅を徹底することにより、自己の本性が仏と同質であることを見抜き、その「見性《けんしょう》」を体得する行なのです。

これが中国での「禅宗」の基礎となり、達磨大師は、その後の中国・日本の「禅宗」において初祖と仰がれるようになったのです。

この「禅宗」は、唐代（618〜907）にますます盛んになり、第六祖の慧能《えのう》禅師《ぜんし》（638〜713）を経て、やがて日本の鎌倉時代に、栄西《ようさい》禅師（1141〜1215）による「臨済宗《りんざいしゅう》」として、また道元《どうげん》禅師（1200〜1253）による

「曹洞宗《そうとうしゅう》」として伝えられました。

一方、西方《さいほう》の阿弥陀仏の浄土を説くお経も、早くから中国に伝わっていて、さまざまな形の浄土信仰が広まっていました。しかし、それらは、おおむね、念仏《ねんぶつ》三昧《さんまい》などの修行を積み重ねることを求める教えでありました。阿弥陀仏を心に念じ続けるという修行の成就によって、浄土往生が果たされるという信仰、つまり自力《じりき》往生の浄土教だったのです。

しかし、中国の「浄土教」の伝統となったのは、曇鸞大師（476〜542）による他力の念仏でありました。それは、阿弥陀仏から回向《えこう》されている（振り向けられている）阿弥陀仏の名号《みょうごう》を口に称《とな》える念仏なのです。そして、阿弥陀仏が願われている願いによって浄土に往生させてもらうという他力往生の信心なのです。

この信心が、後に、隋代《ずいだい》の道綽禅師《どうしゃくぜんじ》（562〜645）、唐代《とうだい》の善導大師（613

〜681）を経て、日本の法然上人（1133〜1212）、親鸞聖人（1173〜1262）へと伝えられて、今日に至っているのです。

発展と衰退

仏教の発展

やがて、中国の仏教は、もはや、外来の宗教ということではなく、中国独自の仏教としての発展を遂げるようになったのです。

南朝と北朝とを滅ぼして、中国を統一したのは隋王朝（５８１〜６１８）でした。この隋代においても、これに続く唐の時代（６１８〜９０７）においても、政治は安定し、また、歴代の帝王が仏教を篤く敬いましたので、仏教界は著しく繁栄したのです。

隋代には、今も三大法師と仰がれている三人の高僧が出られました。浄影大師《じょうようだいし》慧遠《えおん》（５２３〜５９２）と天台大師智顗《てんだいだいしちぎ》（５３８〜５９７）と嘉祥大師吉蔵《かじょうだいしきちぞう》（５４９〜

623）です。

浄影大師は、浄影寺を拠点にして「地論宗《じろんしゅう》」の教義を大成させた人です。「地論宗」というのは、インドの天親菩薩の『十地経論』の所説によって仏教全体を体系化する宗派です。『十地経論』は、大部な『華厳経』の一部の「十地品《じゅうじぼん》」が、『十地経』として独立して流布していましたが、その経に対する註釈なのです。

この人はまた、『仏説観無量寿経』など、諸経典の註釈を精力的に著わしました。さらには、南北朝時代までの仏教学の成果を集大成した『大乗義章《だいじょうぎしょう》』を残しておられます。こうして、その後の天台大師や嘉祥大師の思想の先駆となられたのです。

天台大師は、「天台宗」の開祖です。天台山にこもって、『法華経』の研鑽を深められた人です。『般若経』『涅槃経』を重視する南北朝時代の風潮から飛躍して、『法華経』を至上の経典とされ、『法華経』の研鑽に関しては、古今を通じて最高の水準を示されたのです。

従来の『法華経』の教義学の成果を継承するのではなく、それらに批判的な眼を向け、龍樹菩薩の『中論』や『大智度論』によりながら、「教《きょう》」（教義）と「観《かん》」（実践）とを双修する「天台宗」の法華教学を確立されたのでありました。

これが伝教大師最澄《でんぎょうだいしさいちょう》（767〜822）によって、日本に伝えられ、比叡山《ひえいざん》に「天台宗」が開かれたのでした。そしてこれが、鎌倉時代（1185〜1333）以後の日本の仏教の母胎となりました。そこから「日蓮宗《にちれんしゅう》」も派生してきたのです。

嘉祥大師は、「三論宗《さんろんしゅう》」の教学を大成させた人です。龍樹菩薩の『中論』と『十二門論《じゅうにもんろん》』と、龍樹菩薩のお弟子の聖提婆《しょうだいば》の『百論《ひゃくろん》』と、この三論に基づき、大乗仏教の真髄を鋭い論理によって説示されたのです。そして、当時の仏教界に圧倒的な説得力を残されたのです。

しかし、この「三論宗」は、理論的には深遠でありましたが、実践面では体系を整えていなかったために、「天台宗」の勢力に押されて、衰えることとなりました。

けれども、日本の奈良時代には、南都の仏教の重要な一宗となったのです。唐の時代になると、その初期の頃、インドから新しい仏教の思想が伝えられました。それを伝えたのは、玄奘《げんじょう》（602〜664）という人でした。

この人は、後に、『西遊記《さいゆうき》』の三蔵法師《さんぞうほうし》のモデルになった人です。「三蔵」の「蔵」は、「集まり」というほどの意味で、三蔵は、経蔵《きょうぞう》（お経を集めたもの）・律蔵《りつぞう》（戒律に関する記録の集大成）・論蔵《ろんぞう》（お経の註釈である論を集めたもの）を言います。この「三蔵」に熟達した僧が「三蔵法師」と尊称されるのです。中国には、三蔵法師と呼ばれた人は、この玄奘三蔵の他にも何人もおられたのです。

玄奘三蔵は、若い時に、多くの危険を冒して、17年間にわたるインドへの求法《ぐほう》の旅に出られました。その時の旅行記（『大唐西域記《だいとうさいいきき》』）が、後の『西遊記』の素材になったのです。

玄奘三蔵は、多くのお経や論を中国に持ち帰りましたが、その代表的なものは、当時インドで栄えていた、天親菩薩の系統の瑜伽唯識の教学に関する典籍でした。後に、これらの論書に基づいて、「法相宗」が開かれたのです。

この「法相宗」が、日本に伝えられて、元興寺や興福寺などを中心に、南都に栄えたのです。

一方、唐時代の中期になると、賢首大師《げんじゅだいし》法蔵《ほうぞう》（643〜712）が出られて、「華厳宗」を大成させられました。先の「天台宗」では『法華経』が拠りどころとされたのに対して、「華厳宗」は、『華厳経』こそが最も深い真理を説く経であるとして、この経説によって仏教の全体を緻密な理論によって組織づけられたのです。その教義は、あらゆる対立的現象が障《さわ》りなく溶《と》けあう円融無礙《えんにゅうむげ》の境地こそが真実であると見るのです。

この「華厳宗」は日本に伝えられ、東大寺がその根本道場と定められたのです。

インドで、龍樹菩薩の中観仏教と天親菩薩の唯識仏教とが深く広く学ばれていた7世紀ごろから、それらとはまったく質の異なる、呪術《じゅじゅつ》的・神秘的な傾向の「密《みっ》教《きょう》」が出現しました。宇宙の真実を大日如来《だいにちにょらい》と仰ぎ、衆生は、手に印《いん》を結び、口に呪文《じゅもん》を唱《とな》え、心に仏の徳を敬うことによって、仏の境地に冥合《めいごう》できるとするのです。

この「密教」は、中国では程なくすたれましたが、弘法大師空海《こうぼうだいしくうかい》（774～835）によって日本に伝えられ、日本で「真言宗《しんごんしゅう》」として栄えたのです。そして、平安時代以降、比叡山の伝教大師の「天台宗」と並ぶ教勢を保ってきているのです。

仏教の衰退

中国の仏教は、隋から唐の時代にかけての全盛期を経て、次の宋代《そう》（10世紀）以後は、政治情勢の不安定化とともに、次第に活力を失いました。隋・唐の仏教の教義を維持・継承するにとどまったのです。また、「天台宗」「華厳宗」「禅宗」「浄土教」などの教義の融合がはかられて、それぞれの特徴が見失われるようになったのです。

その上に、仏教は、道教《どうきょう》などの土着の諸宗教とも融合して、その教えは拡散し、次第に仏教の特質が見失われるようになりました。こうして、中国の仏教は、徐々に衰微の道をたどることになったのです。

第6章　浄土の教え

曇鸞《どんらん》大師

自力と他力

釈尊が亡くなられて、500年ほど後に、インドに龍樹という人が出られました。この人は、釈尊の教えを最も正確に伝承した人として仰がれ、今日にも、菩薩と尊称されている人です。

この龍樹菩薩は、仏法の修め方に、「難行」と「易行」との二種があると指摘されました。ここで仏教の学び方が二分されることになったのです。

「難行」は、自分の脚力を頼りに「陸路」を進むようなもので、自らの努力の可能性を信じて、厳しい修行を重ねて仏の覚りに近づこうとする道です。その後の中国・日本の多くの宗派の教義は、この流れに属しているのです。

一方の「易行」は、船におまかせして「水路」を進むものです。自らの資質を厳しく見つめ直して、全く無力であることを思い知らされた人が、「力のない者を何とかして救いたい」という阿弥陀仏が願っておられる願い（本願）におまかせする他力の教えなのです。

「自力」である「難行」ではなくて、「他力」である「易行」の仏道を、浄土教として確立されたのが、中国に出られた曇鸞大師だったのです。

曇鸞大師の回心《えしん》

曇鸞大師（476～542）は、北魏《ほくぎ》の時代に中国の北方に出られました。若くして出家され、北方に栄えていた四論宗《しろんしゅう》に属し、その学匠として龍樹菩薩の教えを究《きわ》められた人でありました。

南方では、龍樹菩薩の『中論』『十二門論』と、龍樹菩薩の門弟の聖提婆《しょうだいば》の

『百論』の三論について研鑽する三論宗が盛んでありましたが、曇鸞大師が活躍された北方では、三論に『大智度論』を加えた四論をよりどころとする四論宗が栄えていたのです。

曇鸞大師は、四論を深く学ばれた上に、中国の古典にも精通しておられて、中国の北方ばかりではなく、南方の人びとからも深く尊崇《そんすう》されておられたのです。南方の梁《りょう》の国の皇帝が、はるか北におられる曇鸞大師の功績を讃《たた》え、大師を菩薩として礼拝していたと伝えられています。

そのころ中国に『大集経《だいじっきょう》』という難解な経典が伝えられてきました。曇鸞大師は、そのお経の注釈を著わすことを志されたのですが、その途中で大病を患われて作業を中断せざるを得なくなられたのです。そして、その注釈の完成はもとより、仏法をさらに深く学ぶためには、健康で長寿を得なければならないと痛感されたというのです。

このため、当時、南方で、長生不老《ちょうせいふろう》の術《じゅつ》を教えていることで有名であった陶弘《とうこう》景《けい》という道士《どうし》を訪ねて、曇鸞大師は、その門下に入られたのです。そして、やがて師の陶弘景から、長生不老の免許皆伝のしるしともいうべき「仙経《せんぎょう》」を授けてもらわれて、喜び勇んで北方への帰路につかれたのでした。

その道中、都の洛陽《らくよう》に立ち寄られた時、ちょうど、インドから来られたばかりの三蔵法師の菩提流支《ぼだいるし》に会われたのです。そこで、曇鸞大師は、長生不老の術を会得《えとく》してきたことを誇らしげに述べられたところ、菩提流支三蔵は、長生不老の術などにしがみつく愚かさを厳しく指摘し、仏教には、「無量寿《むりょうじゅ》」（量に関係の無いいのち）、つまり「いのちそのもの」を説く浄土の教えがあることを教えられたというのです。そこで曇鸞大師は、ご自分の誤りを深く恥じ入り、こんなものがあるから人は迷うのであるとして、陶弘景から授けられたばかりの「仙経」を焼き捨てて、心を翻《ひるがえ》して浄土の教えに帰依《きえ》されることとなったのです。

他力回向《たりきえこう》

曇鸞大師は、インドの天親菩薩が、『仏説無量寿経』に対して著わされた注釈である『浄土論』の、さらにその注釈である『浄土論註』を著わされました。曇鸞大師の『浄土論註』によって、人びとは、天親菩薩の『浄土論』の所説を誤りなく受け取ることができるようになり、天親菩薩の『浄土論』によって、阿弥陀仏の本願のことが説かれている『仏説無量寿経』の教説を誤りなく受け取ることができるようになったのです。

その当時、すでに浄土往生を願う信仰は、中国に広く行われておりました。しかし、それらの浄土信仰は、すべて、自力によって、阿弥陀仏を念じ続ける修行として行われていたのでありました。阿弥陀仏を念ずる念仏も、精神を澄み切った静寂な状態にたもちながら、阿弥陀仏を念ずる思いを深く集中させる自発的な行だったのです。例えば、有名だったところでは、廬山《ろざん》という山で実践されていた念仏のグループ「白蓮社《びゃくれんしゃ》」などがそうでした。そこでは、大勢の僧侶がお堂にこもって懸命に念仏の行を実践していたというのです。

これに対して、曇鸞大師が明らかにされた浄土の教えは、「如来回向《にょらいえこう》の願心《がんしん》」ということだったのです。「回向」というのは、一言で言えば「振り向ける」という意味です。自分がなした善い行いを原因として生ずる善い結果を、他に振り向けることなのです。煩悩の支配から抜け出す力のない、劣った凡夫にとっては、浄土に往生するのは、自らの願いによることではないのです。浄土に生まれさせていただきたいという願心は、実は、阿弥陀仏が願われている、その願いが原因となって、阿弥陀仏から回向されている（振り向けられている）結果なのです。阿弥陀仏は、すべての人びとを浄土に迎えて安楽を与えたいという願いを絶え間なく人びとに差し向けておられるのですから、その阿弥陀仏の願われている願いによって、人は浄土に迎えていただきたいという願いを与えてもらっているというわけです。自分の力の限界、あるいはその誤りに気づき、阿弥陀仏のはたらきかけに気づかされることが求められているのです。

曇鸞大師が明らかにされた、このような他力による浄土往生の教えが、その後、中国の道綽禅師・善導大師、日本の源信僧都《げんしんそうず》・源空上人《げんくうしょうにん》（法然上人）へと受け継がれてきた、本格的な浄土教の出発点となったのです。

道綽《どうしゃく》禅師

浄土の教えとの出遇《であ》い

中国では、古くから、仏教の偉大な指導者は、「大師《だいし》」と尊称されてきました。しかし、道綽という人については、人びとは「禅師《ぜんじ》」と敬称してきたのです。「禅師」という言い方は、ずっと後には、禅宗という宗派に属した僧を呼ぶ呼び方となりましたが、それ以前は、仏教の教義を深く研鑽した僧を「法師《ほっし》」と呼んだのに対して、仏教の教えの真髄を禅定三昧《ぜんじょうさんまい》などの実践によって体得しようとしていた僧を「禅師」と呼んできたのでした。道綽という人は、その系統の人として仰がれていたことになります。

道綽禅師（562〜645）は、14歳の時に出家され、永年にわたって、戒律を厳しく保つ持戒《じかい》と、心を静寂に保つ禅定の実践に励まれたのでした。また、20数年間、主として『涅槃経』の教えを、理論的というよりも、日々の修行の中で実践的に学んでおられたのです。

ところが、48歳の時、決定的な転機に遇われました。

旅行の途中、たまたま、玄中寺《げんちゅうじ》というお寺に立ち寄られたのです。玄中寺は、かつて曇鸞大師（476～542）がおられた寺で、そこには、曇鸞大師の業績を讃えた石碑が建立《こんりゅう》されていたのです。道綽禅師は、その碑文を読まれて、曇鸞大師という人がおられて、本願他力を教える浄土の教えに深く帰依しておられたことをお知りになったのです。そこで、ご自分の力による求道《ぐどう》に限界を感じておられた道綽禅師は、直ちに心を翻して、他力浄土の教えに転向されたのでした。

そして、そのまま玄中寺に住み着いて、84歳で亡くなるまで、ずっと、曇鸞大師の遺徳を人びとに伝え、また『仏説観無量寿経』の教えについて講じ続けられたのです。さらに、曇鸞大師の教えに沿って、『安楽集《あんらくしゅう》』を著わされ、口に「南無阿弥陀仏」を称える称名《しょうみょう》の念仏を人びとに勧められたのでした。

末法《まっぽう》の自覚

道綽禅師のご幼少のころ、『大集経月蔵分《だいじっきょうがつぞうぶん》』というお経がインドから中国に伝えられました（566）。このお経には、正法《しょうぼう》・像法《ぞうぼう》・末法《まっぽう》の三時のことが説かれていて、必ず末法の世が到来するという予告が、釈尊の教えとして説かれているのです。このため、中国の仏教界に、深い危機意識が生じたのです。

釈尊のご在世の時を含めた五百年を「正法」と言い、この時代には、「教《きょう》」（教え）と、「行《ぎょう》」（修行）と、「証《しょう》」（悟り）がそろっているというのです。「正法」の後の一千年を「像法」と言い、この時代は、像《かたち》ばかりの「教」が伝わっているので、像ばかりの「行」は可能であるけれども、「教」も「行」も像ばかりであるから、「証」が起こるはずがないというのです。

「像法」の後の一万年は「末法」と言われ、この時代は、人間の資質が著しく低下し、世の中の全体が「道理」に背いて乱れているので、「教」が細々と伝わるだけで、正しい「行」は不可能となり、したがって「証」が起こることは有り得ないとされるのです。つまり、凡夫の力によっては、仏法の「真実」を会得《えとく》することはできなくなっているというのです。

なお「末法」の後は「法滅《ほうめつ》」と言って、仏法は完全に世間から消滅するとされています。

一方、当時の皇帝（北周《ほくしゅう》の武帝《ぶてい》）が、民間の宗教である道教に傾倒してしまって、仏教に大弾圧を加えました（５７４）。多くの僧侶は殺害され、寺塔や経典はすべて焼き払われて、仏教は壊滅の危機に遭ったのでした。そして、世間には、これこそがまさに末法の世であるという、強い危機意識がつのったのです。

道綽禅師が、浄土の教えに遇われたのは、そのような危機感が日増しに強まりつつある時期でもありました。このため、他の時代ならばともかくとして、末法の世は濁悪《じょくあく》であり、その世の人は劣悪《れつあく》であるから、浄土の教え以外には、人を救い取る教えはないという確信を得られたのです。釈尊は、実はこのために、阿弥陀仏の本願のことを教えられ、本願他力に従うように勧めておられることを実感されたのです。

「聖道門《しょうどうもん》」と「浄土門《じょうどもん》」

かつて、インドの龍樹菩薩は、その『十住毘婆沙論《じゅうじゅうびばしゃろん》』に、仏教の学び方に「難行道《なんぎょうどう》」と「易行道《いぎょうどう》」とがあることを指摘しておられました。「難行道」は、自分の脚力を頼りにして陸路を進むようなものであり、「易行道」は、すでに用意されている船に身をゆだねて水路を進むようなものである、ということでありました。

「難行道」は、自力による命がけの修行によって仏の覚りに近づこうとする方法です。これに対して、「易行道」は、力のない愚かな凡夫を何とかして浄土に迎えたいと願われる、阿弥陀仏の大慈悲におまかせするという教えです。

道綽禅師は、この龍樹菩薩の「難易二道《なんいにどう》」の教えをさらに推《お》し進めて、仏教の受け止め方に、「聖道門」と「浄土門」との決定的な違いがあることを明らかに示されたのです。

「聖道門」は、自力を尽くして聖なる道を進もうとする立場です。戒律を厳しく守って生活を清らかに保ち、禅定によって心を乱れのない静寂な境地に維持して、そのような修行によって、「真実」を体得しようとするものです。

他方、「浄土門」は、自力のはからいの誤りを自覚し、自力から離れて、阿弥陀仏の本願におまかせしようとするものです。本願という他力によって浄土に迎えていただいて、そこで仏の覚りに近づけさせていただこうとする道です。

道綽禅師は、仏法の学びに二種あることを指摘しようとされたのではなく、「聖道門」として伝えられているさまざまな宗派の教えは、思い上がりによる誤りであって、この「浄土門」こそが、人間の本質に迫る唯一の教えであり、ことに末法の世に相応《ふさわ》しい教えであることを力強く指摘しておられるのです。

道綽禅師のこの教えが、その門下に出られた善導大師（613〜681）によって、さらに明確に説き示されたのでありました。

善導大師

『観無量寿経』

阿弥陀仏の浄土に往生するための教えが説かれたお経に『仏説観無量寿経』（『観経《かんぎょう》』と略称）があります。

この『観経』は、ことに中国では、一連の「観仏経典《かんぶつきょうてん》」に分類されてきました。「観仏経典」に属するお経は、いくつかありますが、いずれも、精神を集中して、心を静寂な状態に保ち続ける修行の中で、仏を「観想《かんそう》」することを教えているお経です。『観経』の場合であれば、そのような行の中で、無量寿仏（阿弥陀仏）のお姿とその浄土のありさまをありありと心に観《み》るべきことが説かれています。それが、釈尊が人びとに勧めておられる往生のための教えであると、一般に了解されているのです。

ところが、このような『観経』について、通説とはまったく異なる受け止め方をされた人がおられました。それが道綽禅師（562〜645）だったのです。道綽禅師は、もう一つ別のお経、『仏説無量寿経』（『大無量寿経』、『大経《だいきょう》』と略称）の教えと重ね合わせて、『観経』の教えを学びとられたのです。

『大経』も「仏説」ですから、釈尊が説かれた教えです。このお経には、すべての人びとをもれなく極楽浄土に迎えたいと願っておられる阿弥陀仏の願いのことが説かれています。むしろ、愚悪《ぐあく》の凡夫だからこそ、摂《おさ》め取って救いたいという阿弥陀仏の本願が説かれているのです。

この『大経』については、インドの天親菩薩が、注釈である『浄土論』を著わされました。さらに、その『浄土論』について、中国の玄中寺におられた曇鸞大師（476〜542）が、注釈である『浄土論註』を著わされて、『大経』による本願他力の教えの伝統の基礎を築かれたのです。

後に、その玄中寺を訪れて、曇鸞大師の遺徳にふれられた道綽禅師は、曇鸞大師の教えに沿いつつ『観経』の教えを学び取られたのです。つまり、『観経』に示されているのは、厳しい修行を実行できる人ではなくて、力のない愚かな凡夫を救うための教えであると見定められたのです。そして、その道綽禅師の門下に出られた善導大師（613〜681）が、この見定めをさらに明確にされたのでした。

称名の念仏

『観経』は、釈尊の晩年のころ、マガダ国で起こった出来事を契機として説かれました。マガダ国の王子の阿闍世《あじゃせ》が、悪人にそそのかされて、父の頻婆娑羅《びんばしゃら》王を牢獄に幽閉したのです。それを悲しんだ王妃の韋提希《いだいけ》が、何とかして夫の頻婆婆羅王を救おうとしましたが、それがかなわず、王は獄死したのです。韋提希は深く絶望して、釈尊に救いを求めました。韋提希は、こんな世の中はもうこりごりなので、憂いのない世界、阿弥陀仏の極楽浄土に生まれたいと願ったのです。このため、釈尊は、阿弥陀仏の浄土に生まれる方法を教えられたのです。

『観経』には、まず浄土往生のために修めるべき「定善《じょうぜん》」が説かれます。心を無念無想の状態に安定させて行う善です。すなわち、阿弥陀仏の浄土のありさまや阿弥陀仏のお姿を観察するなど、十三通りの厳しい観察の法を実践すべきことが説かれています。

次に、「散善《さんぜん》」が説かれます。力およばず、先の「定善」を修められない場合は、散乱した心でもよいので、人それぞれの資質・能力に応じて、善を修めるべきことが教えられているのです。資質・能力によって、人を九種類に分類してあります。上の上、上の中、上の下、中の上、中の中、中の下、下の上、下の中、下の下の九種です。

上の上の人は、殺生をせず、経典を読誦《どくじゅ》し、仏と法と僧などを念じ続ける善によって、浄土に往生すると教えられています。以下、一段一段とハードルが下げられ、下の下の人は、善を行えず悪を為すので、そのままでは浄土往生はかなわないけれども、口に「南無阿弥陀仏」を称えることによって、浄土に迎えられることになる、と説かれているのです。これが、『大経』に説かれる阿弥陀仏の本願、つまり、力のない愚悪の凡夫だからこそ、その人を浄土に迎えたいと願われている阿弥陀仏の願いと合致するわけです。

ここに着目して、善導大師は『観無量寿経疏』(『観経疏』)を著わされました。「疏《しょ》」というのは、「注釈」という意味です。善導大師は、『観経疏』によって、釈尊がすべての凡夫に勧めておられるのは、口に「南無阿弥陀仏」を称える「称名の念仏」であることを明確にされたのです。「定善」のように、心を澄み切った状態に保つ中で、仏を念じ続ける「観想の念仏」を実行できる人はともかくとして、それができない凡夫のために「称名の念仏」が説かれているのが『観経』であることを明らかにされたのです。

古今楷定《ここんかいじょう》

『観経』は、中国では広く研鑽されてきた経典でした。善導大師よりも前に、浄影《じょうよう》大師慧遠《えおん》（523〜592）や、天台大師智顗《ちぎ》（538〜597）や、嘉祥《かじょう》大師吉蔵《きちぞう》（549〜623）などが、それぞれに『観経』の注釈を残しておられます。これらの方々は、それぞれの時代の仏教界を代表し指導された高僧でした。

この方々の注釈は、それぞれに特徴はありますが、共通しているのは、自力を尽くして「定善」を修めることを説くのがこのお経の眼目《がんもく》である、とする解釈です。これに対して、善導大師は、「散善」の、下の下の人、自分の力では何もできない軟弱で愚かな人に、「南無阿弥陀仏」を称えることを勧めてあるのが、このお経を説かれた釈尊のご本意であるとされたのです。

このため、善導大師の『観経疏』は、「古今楷定の疏」と言われています。「古今楷定」というのは、「古《むかし》と今《いま》の解釈を比べて正しく確定する」というほどの意味です。

後に親鸞聖人が、『正信偈』に、「善導独明仏正意《ぜんどうどくみょうぶつしょうい》」（善導《ぜんどう》、独《ひと》り仏《ぶつ》の正意《しょうい》を明《あ》かせり）と詠われ、「善導大師、お独りだけが、釈尊の正しいお意《こころ》を明らかにされた」と讃えておられるのは、そういう意味があるからなのです。

源信僧都《げんしんそうず》

日本の浄土教

釈尊によって明らかにされた仏教の教えは、その後、インドでは、永い年月にわたって、さまざまな相《すがた》で継承されました。そして、いくつかの流派の教学が大成したのでした。

そのような仏教は、やがて中国に伝えられました。経典や、経典の注釈である論書によって、断続的に次々と伝えられたのです。さらに、インドにおいて、それらの経典の教えに基づいて大成した教義が、やはり次々と中国の仏教界に受容されたのでした。

こうして、釈尊の直説《じきせつ》とされるさまざまな「経」や、インドで発達した教義を伝える「論」などが出そろうと、中国では、そもそも仏教の核心は何なのかという「宗《しゅう》」の探究が進められたのです。「宗」の探究とは、多岐《たき》にわたる教えの相の中の肝心かなめの趣旨を明らかにすることなのです。釈尊は、人生の「真実」を知らない人びとに「真実」を知らせるために、その「方便」として、さまざまな手立てを講じられたのですが、釈尊が伝えようとされた「真実」とは何なのか。何が「方便」の教えなのか。それを見究める必要があったのです。

この「宗」の探究にも、いくつかの流儀が生じました。それが、天台宗や禅宗や真言宗などの宗義として発展したのです。それら諸宗の発展とは別に、大きく性格の異なる浄土の教えも、中国の社会の底辺に広まったのでした。

やがて、それらの諸宗の教えは、日本に伝わり、それぞれ独自の展開を遂げてきました。浄土の教えも日本の風土に定着することとなったのです。

しかし、その浄土の教えは、当初は、主として身分の高い貴族の人びとの間で、浄土を一種の理想郷のようなものとして信奉されるに過ぎませんでした。

一方では、浄土の教えは、厳しい三昧の修行によって精神を寂静な状態に保ち続けて阿弥陀仏を念じ続ける教えとして受け入れられていました。その三昧の行の中で、阿弥陀仏と阿弥陀仏の浄土を観想する「念仏三昧」の行として伝持されたのでした。

そのような状況の中で、日本に、本格的な浄土の教えの源流となる指針を明確に示された人がおられました。それが源信僧都なのです。

一言で言えば、諸宗の教えは、自分の精進《しょうじん》努力によって、仏教の真実を体得しようとする自力の教えであるのに対して、本格的な浄土の教えは、すべての人を救い取ろうと願われる阿弥陀仏の願いに従おうとする本願他力の信心なのです。

源信僧都

源信僧都（942～1017）は、幼くして出家され、比叡山で天台宗の修行と教学の研鑽に励まれました。この方は、余程の才能に恵まれた人であったようで、僅か33歳で、比叡山の最高の権威とされる広学竪義《こうがくりゅうぎ》という行事において、天台宗の『法華経』の教学の講師に任ぜられたと伝えられています。比叡山ではまれにしかない破格の抜擢だったのです。ところが、これを名誉に思っておられた源信僧都に対して、そのお母さんが、我が子は名利《みょうり》に落ち込んだ愚か者であると、叱正《しっせい》されたといわれています。

母親の厳しい叱責を受けられた源信僧都は、華々しい栄誉から逃れて、横川《よかわ》の恵心院《えしんいん》に隠棲《いんせい》されたのです。独り静かにお経や論書や先人の著作などを十数年にわたって深く学びなおされたのです。

改めて学びなおしてみると、学べば学ぶほど、無力で愚かなご自分の内実が明確になったというのです。そのご経験の中で、偏《ひとえ》に阿弥陀仏の本願による浄土往生の教えに帰依することとなられたのです。鋭い智慧を具えて十分な努力のできる人ならばともかくとして、自分のようなかたくなで愚かな者には、念仏しかないと、見極められたのです。

そして、『往生要集《おうじょうようしゅう》』や『観心略要集《かんじんりゃくようしゅう》』など、数々の著作によって、専ら「南無阿弥陀仏」を口に称える念仏を人びとに勧められたのでした。ことに、釈尊から遠く時代が離れた末の世の、しかも貪欲《とんよく》と愚癡《ぐち》によって濁り切った世を生きなければならない凡夫にとっては、あれこれと選べる状況ではなく、ひたすら念仏を称えるしかないことを広く世間に伝えられたのでした。

世間では、かつてのご自分がそうであったように、仏教といえば、お経の文言を正しく学び、心身を引き締めて修行に励むことであると認識されているけれども、凡夫の日常の具体的なありようを正直に見つめ直せば、それは、現実とはかけ離れた理想でしかないことを、源信僧都は世間に知らしめられたのでした。実は、そういう状況のために、阿弥陀仏が他力の救いを用意しておられることを、釈尊は教えておられると、源信僧都は教えられたのです。

通常は、「源信僧都」とお呼びしていますが、これには経緯《いきさつ》があります。かつて、比叡山での実績が高く評価され、朝廷から「権少僧都《ごんしょうそうず》」という僧侶の階位を授けられたのですが、これを頑《かたく》なに辞退されました。ところが、その念仏の教えにふれた世間の人びとは、勝手に、あのお方こそが「僧都」であるとして、「権少僧都」よりもずっと高い位の「僧都」とお呼びするようになったというのです。また、比叡山の中心部から離れた恵心院に隠棲しておられましたので、「恵《え》心僧都《しんそうず》」ともお呼びするようになったのです。

摂取不捨《せっしゅふしゃ》の身

『仏説無量寿経』に示されている釈尊の教えからすれば、源信僧都ご自身は、すでに、阿弥陀仏の本願の中に摂め取られておられて、それが明確な事実なのです。にもかかわらず、それに気づいておられないご自分を深く悲しまれたのです。すでに摂め取られている事実に気づいていない、それはなぜであるのか。それは、自我へのこだわりをはじめとする煩悩によることと、源信僧都は痛感されたのです。

ところが、阿弥陀仏の本願を受け止めきれていないにもかかわらず、阿弥陀仏の大いなる哀れみのお心によって、変わることなく、照らされているご自分にふと気づかれたというのです。

このような源信僧都の自覚とその教えが、後に法然上人による浄土宗の開創に直接的な影響となったのです。

源空上人（法然上人）

専修念仏《せんじゅねんぶつ》

源空上人（1133〜1212）は、お若いころ、比叡山で天台宗の学問と修行に励まれましたが、そのころ、法然房源空《ほうねんぼうげんくう》と名乗っておられました。このため、後には、源空上人というよりも、法然上人という呼び方が一般的となりました。「上人《しょうにん》」というのは、世間を超えた徳の高い僧に対する尊称で、朝廷から許される僧位でもありました。ちなみに、「聖人《しょうにん》」は、仏・菩薩のように聖《きよ》らかな徳をそなえた人という意味の尊称です。

法然上人は、美作国《みまさかのくに》（岡山県）にお生まれになりました。お父上は、地方の武士でありましたが、抗争によって夜討《よう》ちに遭って亡くなられたのです。法然上人

9歳の時でありました。お父上は、亡くなる時に、「絶対に敵討《かたきう》ちをしてはならぬ。敵討ちをすれば、際限なく殺し合いが続くであろう」と言い残されたと伝えられています。

当時は、親の敵を討とうとしないのは、武士の子として、許されることではありませんでした。しかし、法然上人は仇討《あだう》ちをしようとされずに、15歳の時、比叡山に登って出家されたのです。いわば、対立する敵と味方とが共に一挙に救われる道を仏法に求めようとされたのです。

比叡山では、「智慧の法然房」と称されるほど、天台宗での学びを深められたのです。しかし、教義と実践に研鑽を重ねても重ねても、心の底にずっと残っている疑問が解けなかったのです。そこで、初心に帰って、あらためて一切経《いっさいきょう》を何度も読み込まれたと言われています。

一切経とは、すべての仏典ということです。釈尊が説かれたお経、そして、お経に説かれている教えについて、インドの菩薩と仰がれた方々が解説された論、また、中国の高僧方によるお経や論の注釈、それらをすべて集めたものを一切経と言います。

あらゆる仏典を虚心に読み込まれた結果、何がはっきりしてきたのかというと、仏教の教えの行き着く先は「念仏」しかないということだったのです。釈尊の時代ならばともかくとして、それから遠く隔たった末の世の、濁り切った時代を生きなければならない凡夫にとっては、その凡夫のままで救い取ろうと願っておられる阿弥陀仏の本願という事実に素直に従う「念仏」しかないということだったのです。それを「専修念仏」（専《もっぱ》ら念仏を修める）の教えとして、確立していかれたのです。

選択本願《せんじゃくほんがん》の念仏

法然上人は、比叡山での先輩にあたられた源信僧都の『往生要集』に導かれて本願他力の教えにふれる中で、中国の善導大師の教えとの決定的な出遇いを経験されました。善導大師は、中国でも、日本でも、自らの努力による修行を重んじる仏教界の中の主流ではなく、ほとんど注目されていなかった人です。

善導大師は、迷いに迷いを重ね、迷いによって生ずる苦悩を自分の力で解決できない凡夫にとっての救いは、阿弥陀仏のお名前を口に称える念仏以外にはないことを説いておられたのです。

念仏といえば、厳しい修行によって心を澄み切った静かな状態に保ちながら、仏のお姿を心に観察し続ける「観想念仏」であるとするのが通例でありました。しかし、善導大師は、それらの修行ができる人はいいとして、できない者には、ただ「南無阿弥陀仏」を称える「称名念仏」の「信心」しかないことを明らかにしておられたのでした。

法然上人は、「偏《ひとえ》に善導一師に依るなり」と宣言して、他の教義や修行に依るのではなく、善導大師が説かれた「称名念仏」を専らにされたのです。比叡山を離れられたのち、『選択本願念仏集《せんじゃくほんがんねんぶつしゅう》』(『選択集《せんじゃくしゅう》』と略称)を著わすなどして、人びとに広く「専修念仏」の教えを伝えられたのです。

「選択本願の念仏」とは、阿弥陀仏が選び取られた願いによって、凡夫に施されている念仏、というほどの意味です。

『仏説無量寿経』によれば、阿弥陀仏が仏に成られる前、法蔵《ほうぞう》という名の菩薩であられた時、苦悩に沈む人びとを救うための浄土を開きたいと願われたのですが、その浄土は、他の多くの仏様方の浄土とはまったく異なる浄土でした。他の浄土は、人びとが自分の努力の結果として生まれるところなのに対して、法蔵菩薩は、浄土に往生するための原因を自分では作れない人びとを迎え入れる浄土を開きたいと願われたのです。そして、そのような浄土が建立されないのであれば、ご自分は仏にはならないと誓われたのです。その誓いを立てられた法蔵菩薩が、阿弥陀仏に成られたのです。

ということは、自分には力がないという事実に気づかされた人が迎えられる浄土がすでに完成しているということです。あとは、その事実に対する信心によって、自分に与えられている念仏を受け取るかどうかだけが問題なのです。

浄土宗の確立

「ただ念仏して」という信心が広く世間に行き渡りはじめると、既成の権威であった比叡山や奈良の伝統仏教からの攻撃が盛んになりました。奈良の興福寺の僧徒が、念仏停止を求め、また法然門下の人びとの処罰を求める書状を朝廷に提出しました。このため、念仏は禁止され、法然上人は、土佐（高知県）に流罪《るざい》になられたのです。この時、その門下の親鸞聖人は、越後（新潟県）に流罪になられたのでした。その後、罪は赦免となり、法然上人は京都に戻られましたが、間もなく80歳で亡くなられたのでした。

仏教は、インドに興《おこ》り、インドの各地に広まり、それが、永い年月を費やして、さまざまな形で中国・日本に伝えられたのですが、法然上人は、その仏教の本筋が、最終的に「専修念仏」として結実していることを明らかにされたのです。これが「浄土宗」の開宗だったのです。

後に、親鸞聖人は、『正信偈』に「本師源空明仏教《ほんじげんくうみょうぶっきょう》」と述べられ、法然上人こそが、釈尊の教えの行き着くところを明らかにされたと讃えておられます。また、「真宗教証興片州《しんしゅうきょうしょうこうへんしゅう》」として、仏教の真実であって、その要《かなめ》である宗《むね》を、世界の片隅である日本にようやく興《おこ》されたとして、法然上人を讃嘆しておられるのです。

第7章　仏教の真《まこと》の宗《むね》

親鸞聖人

苦からの解脱《げだつ》

人は、なぜ悩まなければならないのか、なぜ苦しまなければならないのか、その問いから、仏教は始まったのでした。

人は、それ自体が苦である負傷・疾病・飢饉などを経験することがあります。これは、生き物として避けがたい苦痛です。

一方では、煩悩を原因として日常的に受ける苦があります。さまざまな煩悩の代表とされるのが、「無知」と「欲望」です。「無知」と「欲望」によって「我《が》執《しゅう》」（自我へのこだわり）が生じます。「我執」のとおりの結果が得られない時に苦を受けるのです。

ところが、「無知」や「欲望」の内容によって、「我執」の内容が異なります。「我執」の質の違いによって、味わわなければならない苦の度合いが異なるのです。いずれにしても、「無知」や「欲望」がはたらかなければ、苦を体験しなくて済むのです。

人の生涯には、「老《ろう》・病《びょう》・死《し》」の「苦」がつきまといます。その「老・病・死」があるのは「生《しょう》」によるのです。したがって、「生」そのものが「苦」なのです。生まれて来て、生きていること、その日常は煩悩の支配を受けます。このため、煩悩に支配されている限りは、「苦」は生ずるのです。

釈尊の教えの根本は「因縁生起《いんねんしょうき》」ということです。物事の生滅《しょうめつ》には、必ず「因」があり、その因が、不特定多数の「縁」（条件）のいずれかと結びつくことによって、それぞれに異なる結果が「生起」するという教えです。つまり、「苦」の生起は、「縁」次第だということになるのです。

釈尊は、「苦」を解決する方法を教えられました。それは「因」となる煩悩を除去することです。日常の生活を清らかに保ち続け、心を静寂な状態に安定させ、物事の当然の道理を見究める智慧を深めることを求められたのです。

物事の見方をゆがめてしまう煩悩を克服すれば、事実を事実のとおりに知見することができます。事実のとおりに知見できれば、真の事実に目覚めることになります。そうすれば、釈尊のように、仏（目覚めた人）になるのです。このため、すべての人が法性《ほっしょう》（真実）に目覚めて仏になるよう、釈尊は勧められたのです。

ここから、虚妄《こもう》を離れて、法性に覚醒するための実践の歴史が始まったのです。

覚りへの道

釈尊以後のインドには、指導的な役割を果たされた多くの修行者が出られました。その中でも、「大乗」が鮮明に説かれているいくつかのお経に基づいて、後の世に重要な指針を示されたのが、龍樹菩薩（2世紀）と天親（世親）菩薩（5世紀）でありました。

龍樹菩薩は、中観思想を大成され、釈尊の「縁起」の法を「空」としてとらえ、一切の執着を超える厳しい実践の体系を確立されたのでした。一方の天親菩薩は、人に迷いが生ずる心の構造と、覚りに向かう心のはたらきを解明する唯識思想を完成されたのでした。

やがて2世紀ごろに、原初的な姿の仏教が中国に伝えられ、5世紀ごろには、各種の大乗経典の教えとともに、龍樹菩薩と天親菩薩の思想が、中国の仏教界に定着したのです。そして、7世紀以後、隋・唐の時代には、『般若経』『法華経』『華厳経』などをよりどころにして、天台宗・三論宗・華厳宗・法相宗など、正統派の諸宗の教学とその実践の体系が大きく開花しました。また、ほぼ同じころ、禅宗・浄土教・真言宗など、特色ある宗義が整えられ、これらもまた、中国の仏教界に盛況をもたらしたのです。

それら中国の諸宗の教法は、8世紀の奈良時代以降に、次々に日本に伝えられました。そして、それぞれに、その後の日本の仏教として発展をとげてきたのです。

これら諸宗の教えは、中国でも、日本でも、厳しい修行によって教義の真髄を体得することを求めるものでありました。

救済のはたらきへの信順

ところが、釈尊は、すでに、末《すえ》の世《よ》では次第に人間の質が劣化することを予告しておられたのです。人びとは常に豊かさを追い求め、次々と便利さを獲得しようとします。豊かさと便利さを手に入れると、もともと人間にそなわっている資質が衰えるというのです。資質が低下すると、自ら厳しい修行を重ね、教えの真髄を会得することは、自らの可能性に期待をもてる場合は別として、多くの場合、それは誰にでもできることではないのです。

そのような末世の愚悪の凡夫のために、釈尊は、すでに救いの道を示しておられたのです。実は、阿弥陀仏という仏が別におられて、自分の力では混迷を打開できない凡夫を何とかして浄土に迎えて救いたいとして、待ちかまえておられること、それを、釈尊は教えておられるのです。

唐の時代、善導大師（7世紀）は、この教えに深く帰依され、浄土の教えへの信心を確立されたのです。自分の力ではとても迷いを離れることができない凡夫、厳しい修行に耐えて覚りに近づくことができない凡夫、そのような愚悪の者にとっては、阿弥陀仏の慈悲を心から信じて、口に「念仏」を称えるしかないという教えを広められたのです。

「念仏」によって浄土に往生するという浄土教は、善導大師以前にも広く行われていました。しかし、その「念仏」は、心を澄み切った状態に保ち続け、心に阿弥陀仏を念じ続けるという修行だったのです。しかし、善導大師は、『仏説観無量寿経』『仏説無量寿経』に「まともな修行ができない者は、ただ阿弥陀仏の名《みな》を称えよ」と説かれている教えを誰よりも強く受け止められたのです。善導大師のこの教えが、日本の法然上人を経て、親鸞聖人に伝えられたのです。

親鸞聖人は、自分がどうしようもない劣悪な人間であることを思い知らされた者にとっては、「南無阿弥陀仏」しかないという「信心」を確かめられたのです。そして、「念仏」は、凡夫の意図によるのではなく、阿弥陀仏から差し向けられているものであること、「信心」は、自分の都合によるのではなく、阿弥陀仏から施し与えられているものであること、そして、その「念仏」「信心」を素直に受け取るしかないことを、親鸞聖人は私たちに教えておられるのです。

あとがき

本書は、２０１５年７月号から２０１７年６月号まで24回にわたり、月刊『同朋《どうぼう》』誌（東本願寺出版発行）に連載されたものを一書にまとめたものです。生来、怠惰で不器用な私を出版部のご担当の方々が督励してくださり、何とか連載を終えることができました。

仏教の教えにふれるには、まず、確かな資料を収集し、それを冷静・緻密に分析・吟味して、仏教の全体像を客観的に解き明かす方法があります。しかしこれには、客観的と見定める主観がかかわる恐れがあります。

他方、自分が日常生活の中で、否応なく納得させられている教えと、その教えが自分に伝えられてきた道筋を確認するという方法もあります。しかしまたこれには、ややもすると、我田引水の心情がつきまとう恐れがあります。

このたびの連載には、後者の方法を選びましたが、その恐れに極力心しながら書き進めました。皆様方からのご批判、ご叱正をいただければ幸いと思います。

毎月の連載という性質上、重要な事項については、繰り返した箇所が多々見受けられ、冗長《じょうちょう》の誹《そし》りはあると思います。しかし、これを一書にまとめるにあたって、それらの重複には、あえて手を加えませんでした。ご理解をお願いします。

本書をお読みいただき、一人でも多くの方が仏教に関心をもっていただき、仏弟子として生きようとされる人が誕生することを願っています。

2017年11月

古田　和弘

著者略歴

古田和弘（ふるた・かずひろ）

1935年京都府生まれ。大谷大学教授を経て、現在、大谷大学名誉教授・九州大谷短期大学名誉学長。専攻は仏教学。著書に、『宗祖親鸞聖人に遇う』『涅槃経の教え―「わたし」とは何か―』『正信偈の教え（上・中・下）』（以上、東本願寺出版）ほか。

現在《いま》を生《い》きる 仏《ぶっ》教《きょう》入門《にゅうもん》

2018（平成30）年1月10日　第1刷発行
2018（平成30）年5月10日　第2刷発行

著　者……古田和弘
発行者……但馬　弘
編集発行……東本願寺出版（真宗大谷派宗務所出版部）
〒600-8505　京都市下京区烏丸通七条上る
TEL　075-371-9189（販売）
　　　075-371-5099（編集）
FAX　075-371-9211
印刷・製本……中村印刷株式会社

　ISBN978-4-8341-0568-1 C0215